浙江大学国家"985"三期项目重点资助课题
浙江大学金融研究院 2013 年度重点项目

2013
浙江省金融发展报告

浙江省金融研究院　浙江大学金融研究院　编

章华　汪炜　主编

ZHEJIANG UNIVERSITY PRESS
浙江大学出版社

《2013 浙江省金融发展报告》编委会

编写单位：浙江省金融研究院
　　　　　浙江大学金融研究院

总　主　编：陈国平　　丁敏哲　　史晋川
副总主编：马学平　　包纯田　　吕逸君
　　　　　张健华　　盛益军　　徐素荣
　　　　　韩　沂

主　　编：章　华　汪　炜

编委会委员：（按姓氏笔画为序）

前　言

　　《2013浙江省金融发展报告》是按照浙江省委、省政府编写全面反映浙江金融发展情况的报告要求,由浙江省金融研究院落实编制的地方金融重要文献资料。在浙江省金融工作办公室、中国人民银行杭州中心支行、浙江银监局、浙江证监局、浙江保监局等相关部门的支持帮助下,从2010年至今,已经以年度报告的形式出版三期,得到省领导和相关金融部门领导的肯定和重视,也得到了相关金融机构的好评。

　　本报告是浙江省金融研究院与浙江省金融工作办公室、中国人民银行杭州中心支行、浙江银监局、浙江证监局、浙江保监局等相关部门共同努力的成果。从年初的金融选题的确定、到年中的相关资料提供到调研报告的撰写修改,《2013浙江省金融发展报告》倾注了许多人的心血。特别是研究院和一行三局一办以合作研究的形式对本年度的浙江省金融热点问题进行归纳总结,是本报告的一大亮点。

　　本报告共分三篇。第一篇为金融经济运行综合报告,以两个总报告组成,分别是《浙江省金融运行报告》和《浙江省地方金融业改革与发展报告》,反映出我省金融业在2012年的整体发展水平和地方金融改革进展。第二篇为金融行业类别报告,按照银行业、证券期货业、保险业、小贷公司和股权投资发展五个方面,以五个行业分报告为主体,较为全面地反映了2012年我省金融业发展情况。第三篇金融热点问题研究,以反映我省地方金融发展特色亮点为宗旨,采用点面结合的分析视角,对温州金融改革、小贷公司发展、农村金融改革、小微企业金融服务、区域性资本市场发展、保险业支持地方经济发展以及构建新型银企关系等2013年我省备受关注的金融热点给予了特别的关注。附录里收录了2012年我省出台的扶持金融业发展的相关政策和我省主要的经济金融指标。

限于数据统计口径问题和自身水平的限制,本报告可能存在不少疏漏之处,在此诚恳地希望各位领导和金融专业人士提出宝贵意见,以利我们今后不断完善提高。

浙江省金融研究院
浙江大学金融研究院

目　录

金融经济运行综合报告

金融行业类别报告

2013 年金融热点问题研究

附　录

金融经济运行综合报告

第一章 2012年度浙江省金融运行报告

一、金融运行情况

2012年,浙江省金融运行平稳,融资结构持续改善,各项改革深入推进,金融对实体经济发展和转型升级的支持力度不断加大。

(一)银行业总体稳健,货币信贷运行平稳

全省银行业按照宏观调控要求,认真落实稳健货币政策,改革发展各项工作有效推进。信贷总量适度增长,结构不断优化,利率水平下行,对实体经济和重点领域支持力度不断加大。

1.银行业规模稳步扩大,经营效益有所下滑。2012年,银行业金融机构资产总额同比增长11.2%,全年新设7家法人金融机构(见表1-1)。银行业经营效益有所下滑,全年累计实现税后利润1193.1亿元,同比下降13.8%。

表1-1 2012年浙江省银行业金融机构情况

机构类别	营业网点			法人机构
	机构个数 (个)	从业人数 (人)	资产总额 (亿元)	(个)
一、大型商业银行	3866	91029	34632.8	0
二、国家开发银行和政策性银行	60	2097	3765.4	0
三、股份制商业银行	623	27289	18578.7	1
四、城市商业银行	727	30006	11627.6	13
五、小型农村金融机构	4179	47750	12554.6	82
六、财务公司	5	164	288.2	4
七、信托公司	5	398	113.2	5
八、邮政储蓄银行	1645	7454	2122.4	0
九、外资银行	33	1180	308.2	2

续表

| 机构类别 | 营业网点 | | | 法人机构 |
	机构个数（个）	从业人数（人）	资产总额（亿元）	（个）
十、新型农村金融机构	113	2687	445.9	57
十一、其他	3	166	531.6	1
合　　计	11259	210220	84969.0	165

注：①营业网点不包括总部数据。

②小型农村金融机构包括农村商业银行、农村合作银行和农村信用社。

③新型农村金融机构包括村镇银行、贷款公司和农村资金互助社。

④"其他"包括金融租赁公司、汽车金融公司、货币金融公司、消费金融公司。

数据来源：中国人民银行杭州中心支行、浙江银监局。

2. 存款增长放缓，波动特征明显。2012 年年末，全省金融机构本外币各项存款余额同比增长 9.5％，增速较上年回落 2.5 个百分点（见图 1-1）。单位存款较上年少增 574.5 亿元，占存款少增额的 80％。存款稳定性减弱，季末冲高、季初回落特征明显。

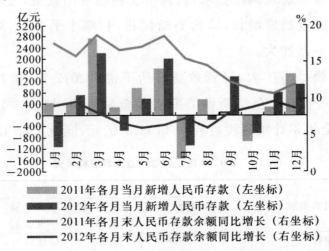

图 1-1　2011—2012 年浙江省金融机构人民币存款增长变化

数据来源：中国人民银行杭州中心支行。

3. 贷款增长合理适度，支持重点突出。2012 年，全省本外币各项贷款比年初新增 6266.7 亿元，余额增速比上年降低 2.1 个百分点（见图 1-2、图 1-3）。投放节奏较均衡，四个季度贷款增量之比为 2.7∶2.7∶2.4∶2.2。

金融支持实体经济发展成效明显。2012 年，中国人民银行杭州中心支行出台

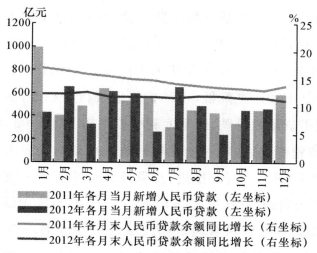

图 1-2 2011—2012 年浙江省金融机构人民币贷款增长变化

数据来源：中国人民银行杭州中心支行。

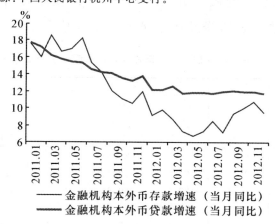

图 1-3 2011—2012 年浙江省金融机构本外币存贷款增速变化

数据来源：中国人民银行杭州中心支行。

金融支持实体经济发展指导意见，灵活运用货币政策工具，大力推进直接融资，有效引导全省金融机构加大对实体经济重点领域和转型升级的金融支持。一是投向制造业、批发和零售业、交通运输、仓储和邮政业等领域的贷款占全部新增贷款的87％；满足企业流动资金需求的短期贷款新增 4560.3 亿元，余额增速比中长期贷款高出 8.9 个百分点。二是"支农支小"力度加大，涉农贷款增速比全部贷款增速高 6.3 个百分点，小微企业贷款新增占全部企业贷款增量的 35.7％，比重逐季上升。三是积极支持经济转型，全省"十一大转型升级产业"贷款占各项贷款增量的35.3％。四是房地产信贷增长放缓，产能落后行业贷款得到控制。

4. 贷款利率下行,民间借贷量缩价跌。全省一般性贷款加权平均利率逐季走低,四个季度利率分别为 7.99％、7.89％、7.26％ 和 7.16％。利率重心下移,利率上浮贷款占比为 78.7％,较上年年末下降 4.3 个百分点。由于部分企业经营效益下滑,投资品市场热度降低,市场主体借贷行为趋于谨慎,民间借贷逐步降温,监测的民间借贷量缩价跌,四季度利率较年初下降 1.03 个百分点。

5. 银行业改革稳步推进,农村金融机构改革成效显著。大型商业银行在浙江的分支机构改革创新工作有序推进,经营业绩稳步提高。邮储银行改革持续深化,36 家二类支行启动改革,正式开业 12 家。宁波市象山绿叶城市信用社成功改制为宁波东海银行。农村金融机构改革取得新成果,8 家农村商业银行开业,超过 1/3 农村金融机构已经启动或完成股份制改革。外资银行地域布局不断优化,澳新、华侨两家外资银行分别在杭州、绍兴设立分行。浙江省工商信托完成重新登记,浙江省交通投资集团财务公司获准成立。

表 1-2　2012 年浙江省人民币贷款各利率浮动区间贷款占比　　单位:％

	月　份	1月	2月	3月	4月	5月	6月
	合计	100	100	100	100	100	100
	[0.9,1.0)	2.4	2.2	2.2	3.2	2.4	3.1
	1.0	13.6	12.9	11.5	11.3	10.8	12.5
上浮水平	小计	84.0	84.9	86.3	85.5	86.8	84.4
	(1.0,1.1]	22.6	24.7	16.1	20.6	22.0	22.8
	(1.1,1.3]	36.4	37.7	40.4	42.7	44.3	43.5
	(1.3,1.5]	11.4	12.3	14.2	13.3	12.2	10.2
	(1.5,2.0]	9.3	8.6	8.5	7.4	6.7	6.4
	2.0 以上	4.4	1.7	1.6	1.6	1.6	1.4
	月　份	7月	8月	9月	10月	11月	12月
	合计	100	100	100	100	100	100
	[0.9,1.0)	3.9	3.4	3.0	4.1	4.7	3.7
	1.0	12.6	14.1	16.5	15.8	15.0	17.6
上浮水平	小计	83.5	82.5	80.5	80.1	80.3	78.7
	(1.0,1.1]	22.5	24.6	24.3	24.5	24.8	23.1
	(1.1,1.3]	41.8	39.7	37.3	37.4	36.9	34.4
	(1.3,1.5]	10.3	9.3	9.2	8.7	9.1	8.8
	(1.5,2.0]	7.2	7.3	7.7	7.2	7.4	7.1
	2.0 以上	1.8	1.8	2.0	2.3	2.1	3.2

注:2012 年 8—12 月统计数据的下浮区间为[0.7,1.0)。

数据来源:中国人民银行杭州中心支行。

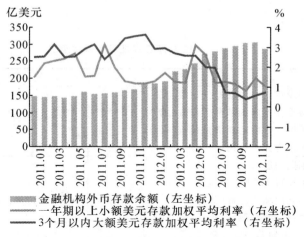

图 1-4 2011—2012 年浙江省金融机构外币存款余额及外币存款利率

数据来源：中国人民银行杭州中心支行。

6.跨境人民币业务发展迅速,率先试点个人跨境人民币业务。2012 年,全省跨境人民币累计结算量 4766 亿元,同比增长 124%。全省累计有 43 家银行、7623 家企业与 165 个国家和地区开展跨境人民币业务,参与主体范围和地区分布更加广泛。跨境人民币贸易累计融入资金 690 亿元,有效满足了出口企业的融资需求。义乌市率先开展个人跨境人民币结算试点。

(二)证券业稳步发展,市场交易有所萎缩

2012 年,受国内资本市场环境影响,浙江省证券市场交易萎缩。期货经营机构业务发展总体平稳,证券机构创新发展取得成效,公司债融资较为活跃。

1.证券期货业稳步发展。2012 年年末,全省法人证券公司 3 家,证券营业部 385 家,证券投资咨询机构 4 家(见表 1-3)。证券经营机构全年累计代理交易额 8.9 万亿元,实现利润 16.3 亿元。各法人证券公司继续推动证券经纪业务转型和产品创新。期货业发展总体平稳,期货经营机构代理交易额 39.2 万亿元,实现利润 8.0 亿元,同比增长 22.4%。

2.上市公司融资有所萎缩。2012 年年末,全省共有境内上市公司 246 家,居全国第二位。其中,中小板块上市公司 119 家,创业板上市公司 36 家。资本市场累计融资 338.2 亿元,较上年减少 220.4 亿元。其中,IPO 融资 142.2 亿元,较上年减少 206 亿元。上市公司治理机制更趋完善,资本市场体系不断丰富,浙江省股权交易中心挂牌成立。

表 1-3　2012 年浙江省证券业基本情况

项　目	数　量
总部设在辖内的证券公司数(家)	3
总部设在辖内的基金公司数(家)	1
总部设在辖内的期货公司数(家)	11
年末国内上市公司数(家)	246
当年国内股票(A 股)筹资(亿元)	237
当年发行 H 股筹资(亿元)	0
当年国内债券筹资(亿元)	1368
其中:短期融资券筹资额(亿元)	453
中期票据筹资额(亿元)	317

数据来源:中国人民银行杭州中心支行、浙江证监局。

(三)保险业健康发展,市场体系日益完善

2012 年,浙江省保险业积极推进改革创新,市场体系日益完善,资产规模稳步增长,服务领域继续拓宽,经济补偿和风险保障功能有效发挥。

1.市场体系日益完善。截至 2012 年年末,全省共有各类保险机构 112 家,行业从业人员 18.7 万人,新增保险市场主体 3 家。保险机构、中介机构、行业社团共同发展的市场格局更趋成熟(见表 1-4)。

表 1-4　2012 年浙江省保险业基本情况

项　目	数　量
总部设在辖内的保险公司数(家)	3
其中:财产险经营主体(家)	1
人身险经营主体(家)	2
保险公司分支机构(家)	112
其中:财产险公司分支机构(家)	58
人身险公司分支机构(家)	54
保费收入(中外资,亿元)	984.6
其中:财产险保费收入(中外资,亿元)	444.5
人身险保费收入(中外资,亿元)	540.1
各类赔款给付(中外资,亿元)	342.6
保险密度(元/人)	1797.7
保险深度(%)	2.8

数据来源:浙江保监局。

2.规模和效益平稳增长。2012年,全省保险公司资产规模同比增长15.5%,保费收入同比增长12.0%。其中,财产险保费收入增长14.8%,人身险保费收入增长9.7%。保险业经营效益继续保持平稳较快增长,财产险公司利润总额23.5亿元,居全国第三位。法人机构偿付能力有所改善,投资收益情况良好。

3.保障功能有效发挥。政策性农业保险平稳推进,参保规模提升,新险种开发加快,全年共为211万户参保农户提供319亿元的农业自然灾害风险保障。政策性农房保险实现承保全覆盖,参保率98.5%,1.9万户农户获得赔款6735万元。出口信用保险保障作用有效发挥,企业通过保险追偿、赔付挽回损失1.9亿美元。小额贷款保证保险工作不断扩面。

(四)市场融资不断扩大,融资结构继续优化

2012年,金融市场继续保持平稳健康发展态势,融资规模扩大,市场利率回落,金融资源配置继续优化。

1.直接融资比例继续提高,融资渠道不断拓宽。全省非金融部门以贷款、债券、股票三种方式融入资金总额的占比分别为79.6:17.4:3.0。贷款融资占比下降3.7个百分点,债券融资占比上升7.9个百分点,带动直接融资比例提高至20.4%(见表1-5)。企业债务融资工具发行836.2亿元,同比增长近1倍。

表1-5　2001—2012年浙江省非金融机构部门融资结构表

年份	融资量（亿元人民币）	比重（%）		
		贷款	债券（含可转债）	股票
2001	1103.5	96.5	0.0	3.5
2002	2162.1	99.0	0.0	1.0
2003	3681.1	98.6	0.3	1.1
2004	2509.1	97.1	0.6	2.3
2005	2209.9	96.9	2.9	0.2
2006	3962.5	95.2	2.3	2.5
2007	4783.0	87.5	3.7	8.8
2008	5211.0	90.9	4.4	4.7
2009	10357.5	92.6	4.6	2.8
2010	8801.5	87.6	4.3	8.1
2011	7778.4	83.3	9.5	7.2
2012	7871.7	79.6	17.4	3.0

数据来源:中国人民银行杭州中心支行、浙江省发改委、浙江证监局。

2. 同业拆借交易增速放缓,资金融入规模缩小。2012年,全省银行间市场成员累计拆借1.5万亿元,同比增长5.2%,增速较上年降低28个百分点。净拆入资金明显下降,同比少增3772.8亿元。

3. 票据业务平稳发展,市场利率明显回落。2012年,全省累计签发银行承兑汇票2.4万亿元,贴现票据1.8万亿元,同比增加9099.3亿元(见表1-6)。票据贴现余额前三季度逐月攀升,四季度有所回落。票据利率回落,全年银票直贴利率和买断式转贴现利率分别为6.33%和5.13%,同比分别下降0.11和0.16个百分点(见表1-7)。

表1-6　2012年浙江省金融机构票据业务量统计　　　　单位:亿元

| 季度 | 银行承兑汇票承兑 | | 贴　现 | | | |
| | | | 银行承兑汇票 | | 商业承兑汇票 | |
	余额	累计发生额	余额	累计发生额	余额	累计发生额
1	10688.8	5696.5	560.6	3180.2	113.6	908.3
2	11688.5	12236.9	879.0	7054.5	201.5	2188.1
3	10874.9	17783.1	962.8	12410.2	208.5	4073.6
4	10287.6	23179.6	858.9	17448.1	143.8	6000.0

数据来源:中国人民银行杭州中心支行。

表1-7　2012年浙江省金融机构票据贴现、转贴现利率　　　　单位:%

| 季度 | 贴　现 | | 转贴现 | |
	银行承兑汇票	商业承兑汇票	票据买断	票据回购
1	8.01	8.67	6.85	5.39
2	5.52	6.30	5.63	4.79
3	5.54	5.79	5.26	4.59
4	5.87	6.11	5.19	4.97

数据来源:中国人民银行杭州中心支行。

4. 黄金市场交投平稳,外汇市场稳步发展。2012年,全省黄金成交量63.1万公斤,同比小幅增长1.3%。截至2012年年末,全省共有11家法人金融机构开办黄金业务,4家企业成为上海黄金交易所成员单位。全省市场成员在银行间即期外汇市场的交易金额同比增长32.5%,全部采用询价交易方式。

专栏 1　积极推动企业债务融资,有效改善融资结构

扩大直接融资,强化市场配置资源功能,是我国金融改革一直坚持的方向。近年来,中国人民银行杭州中心支行大力推动浙江企业在银行间市场发行债务融资工具,在深化改革创新的同时,进一步加大对实体经济的支持力度。

一、企业债务融资工具实现跨越式发展

近年来,浙江省企业债务融资工具发展迅速,发行规模扩大,融资成本优势明显,带动融资结构发生明显变化。

一是发债规模快速扩容。2012 年,全省实际发行债务融资工具 836.2 亿元,同比增长 96%。自 2005 年银行间市场债务融资工具推出以来,全省企业在银行间市场累计发行债务融资工具已超过 2000 亿元。

二是融资成本优势明显。2012 年,全省企业在银行间债券市场发行利率比全省同期实际贷款利率低 2.5 个百分点左右,融资成本优势明显。2012 年,债务融资工具为企业节约财务成本约 20 亿元;2005 年以来累计为企业节约财务成本约 50 亿元。

三是中小企业直接融资渠道拓宽。中小企业债券发行取得突破,2012 年浙江省共发行 8 单总计 23.6 亿元的集合票据,惠及企业 29 家。积极推进“区域集优”模式,杭州、湖州等地取得阶段性成果,首单区域集优中小企业集合票据成功发行,3 家企业融资 5 亿元,为中小企业融资增添了新渠道。

四是直接融资比例不断提高。债券融资占比明显上升,特别是债务融资工具发行规模迅速攀升,推动浙江直接融资比例达到 20.4%,较 2005 年提高 17.3 个百分点。居于主导地位的贷款融资占比逐步下降,贷款融资占比从 2005 年的 96.9% 下降至 2012 年的 79.6%。

二、金融部门多措并举扩大债务融资规模

在中国人民银行杭州中心支行的引导下,全省金融部门大力拓展直接融资渠道,扩大债务融资规模。以签署《借助银行间市场助推浙江省经济发展合作备忘录》为契机,加强债务融资工具发展的宣传引导,密切各方沟通,推动市场规范发展。按季通报债务融资工具发行情况,对承销业务量大,特别是中小企业集合票据承销比例较高、创新活跃的金融机构给予政策支持。中国人民银行杭州中

心支行联合省财政厅和省金融办下发《浙江省直接债务融资奖励暂行办法》,每年安排专项资金对承销债券的金融机构进行奖励,激励金融机构加大项目储备和承销发行力度。

(五)信用建设不断深化,金融生态持续改善

2012年,浙江省以机构信用代码推广应用为重点,完善征信系统建设和管理,深化中小企业和农村信用体系建设,推动浙江金融生态环境持续改善。

1. 征信系统建设不断深化,服务范围日益拓展。全年开通查询用户3.5万个,系统月均查询量376.4万次,同比增长35.1%,征信系统成为金融机构风险管理的重要基础设施。全省依托征信系统为153.6万个有经济活动的组织配发了机构信用代码,为金融机构增添了识别客户身份的新手段。村镇银行和小贷公司等机构陆续接入征信系统,法院、环保、社保、公积金等各类非银行信息相继采集入库,征信系统信息增量扩面,服务范围不断扩大,服务功能有效提升。

2. 中小企业和农村信用体系建设加速推进,融资环境继续改善。2012年,浙江省继续深化中小企业信用体系试验区建设,结合中小微企业信用评价、征信宣传等措施促进银企对接,加大信用建设成果的转化力度。全省累计为18.5万家中小企业建立了信用档案,其中约4.3万家企业获得了银行贷款。创新推动农村信用体系建设,全省累计为712万农户建立了信用档案,共有355万农户获得银行贷款10185亿元。

二、经济运行情况

2012年,面对较为复杂的国内外经济形势,浙江经济实现平稳增长,结构调整和转型升级步伐加快,内生动力有所增强,民生进一步改善,节能降耗成效显著。全年实现地区生产总值34606.3亿元,同比增长8.0%(见图1-5)。人均地区生产总值63266元,首次突破1万美元。

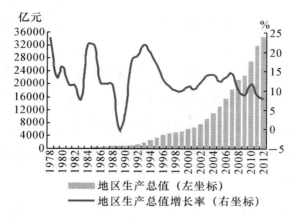

图1-5　1978—2012年浙江省地区生产总值及其增长率

数据来源:浙江省统计局。

(一)三大需求增长不一,内生动力有所增强

2012年,投资增长较快,消费稳中趋升,出口增速回落,内需对浙江经济的拉动力增强。

1.投资保持较快增长,结构调整成效明显。2012年,浙江省及时出台一系列稳增长、扩投资措施。固定资产投资增速稳步回升,同比增长21.4%(见图1-6)。制定并实施支持浙商创业创新政策,浙商回归引进项目1426个,到位资金1298亿元,同比增长43%。

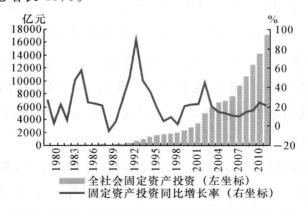

图1-6　1980—2012年浙江省固定资产投资及其增长率

数据来源:浙江省统计局。

投资结构调整取得新进展。战略性新兴产业、高新技术产业和装备制造业占规模以上工业投资的比重均有所上升。民间投资同比增长22.5%,占全部固

定资产投资的 61.9％，比重较上年提高 0.6 个百分点，对固定资产投资的贡献率为 66％。

2. 消费稳中有升，居民收入稳步增长，消费市场呈现平稳增长态势。2012 年，全省社会消费品零售总额实际增长 11.4％（见图 1-7）。食品、衣着类消费快速增长，居住类、家用电器和音像器材、汽车消费增长有所趋缓。新兴业态零售快速增长，2012 年全省网络零售额同比增长 89.5％，占全国的 16.2％，占比较上年上升 3.2 个百分点。

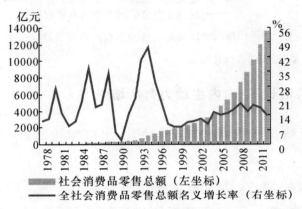

图 1-7 1978—2012 年浙江省社会消费品零售总额及其增长率

数据来源：浙江省统计局。

2012 年，全省城镇居民人均可支配收入 34550 元，连续 12 年居全国各省（区）第一，比全国平均水平高出 40.6％。农村居民人均纯收入 14552 元，连续 28 年居全国各省（区）第一，比全国平均水平高出近 1 倍。扣除价格因素，城镇居民和农村居民收入分别同比增长 9.2％和 8.8％，高于全省地区生产总值增速。衢州、丽水、舟山等欠发达地区和海岛地区发展加快，居民收入增速高于全省平均水平。

3. 进出口增速明显回落，引进外资质量提高。2012 年，受世界经济增长低迷，欧、美、日等国家主要出口市场需求疲软，贸易保护主义抬头等不利因素影响，全省进出口贸易增速大幅下滑。进出口总额 3122.4 亿美元，同比增长 0.9％。出口 2245.7 亿美元，同比增长 3.8％，增速较上年下降 16.1 个百分点；进口 876.7 亿美元，同比下降 5.8％（见图 1-8）；贸易顺差 1369 亿美元。

2012 年，全省新设外商投资企业 1597 家，实际利用外商直接投资 130.7 亿

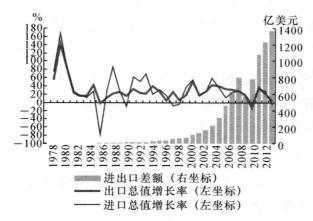

图1-8　1978—2012年浙江省外贸进出口变动情况

数据来源：浙江省统计局。

美元,同比增长12.0%,增速较上年加快6个百分点(见图1-9)。引进外资质量进一步提高,新批准世界500强企业投资项目28个,单个投资项目金额均超过5000万美元。投资结构持续优化,其中高技术行业新批项目数和实际利用外资分别占总数的10.3%和6.8%,现代服务业实际利用外资同比增长19.7%。

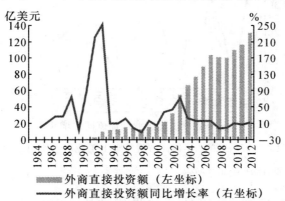

图1-9　1984—2012年浙江省外商直接投资额及其增长率

数据来源：浙江省统计局。

(二)三次产业协同发展,产业结构调整优化

2012年,浙江省三次产业比例为4.8：50.0：45.2,第二产业比重下降1.2个百分点,第三产业比重提高1.3个百分点,产业结构继续朝合理、协调、可持续方向迈进。

1.农林牧渔业平稳发展,产量稳定增长。2012年,浙江省加大支农惠农力度,发展高效生态农业,有效保障农产品供给,农林牧渔业总产值同比增长1.8%。新建粮食生产功能区 111 万亩、各类现代农业园区 54 万亩,粮食和主要农产品生产供应保持稳定。大力推广优质高产粮食品种,粮食总产量和单产均实现增长。花卉苗木、茶叶等效益农业稳中有升,造林面积超计划完成,肉类和渔业产品总产量稳步增长。

2.工业经济企稳回升,结构调整取得进展。2012 年,全省规模以上工业增加值同比增长 7.1%(见图 1-10)。工业生产增速呈现逐月上升企稳态势,全年增速比一季度、上半年和前三季度分别上升 2.3、1.9 和 1.2 个百分点。工业企业利润月度增速从 9 月开始由降转升,累计降幅逐步缩小。

工业结构调整取得新进展。战略性新兴产业、高新技术产业和装备制造业成为工业经济发展的新增长点,增加值同比分别增长 9.2%、9.9% 和 6.9%,占规模以上工业增加值的比重均有所提高。

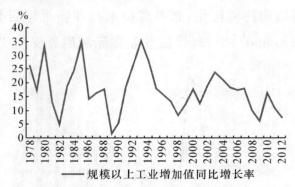

图 1-10 1978—2012 年浙江省规模以上工业增加值同比增长率

数据来源:浙江省统计局。

3.服务业总量持续扩大,对外开放步伐加快。2012 年,全省服务业增加值同比增长 9.3%,占全省地区生产总值比重较上年提高 1.3 个百分点,拉动经济增长 4.1 个百分点,贡献率为 51.1%。服务业从业人员占全省就业人数的 35%。各行业均保持平稳增长,其中住宿和餐饮业、批发和零售业、金融业增加值同比分别增长 11.9%、10.3% 和 9.7%。服务业集聚区建设稳步推进,对外开放步伐加快,服务贸易累计出口额增长 18.9%,高于货物贸易增幅 15.1 个百分点。

(三)物价涨幅平稳回落,工资水平持续提高

2012 年,宏观调控效应逐步显现,全省物价涨幅得到有效控制,总体呈回落态势(见图 1-11)。

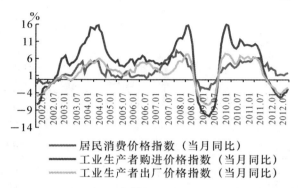

居民消费价格指数(当月同比)
工业生产者购进价格指数(当月同比)
工业生产者出厂价格指数(当月同比)

图 1-11   2002—2012 年浙江省居民消费价格和生产者价格变动趋势

数据来源:浙江省统计局。

1.居民消费价格涨幅回落。2012 年,全省居民消费价格同比上涨 2.2%,比上年降低 3.2 个百分点,年中连续 11 个月下降。八大类消费品及服务项目价格六涨二跌,其中食品类价格上涨 5.3%,成为推动居民消费价格上升的首要因素;交通和通信、娱乐教育文化用品类价格分别下跌 0.3% 和 0.6%。

2.生产者价格有所回落。2012 年,全省工业生产者出厂价格和购进价格同比分别下降 2.7% 和 3.3%,而上年分别为上涨 5.5% 和 8.3%。1—8 月工业品价格降幅持续加大,受经济回暖影响,9 月以后有所回升。

3.劳动力报酬持续提高。2012 年,浙江省全社会单位在岗职工年平均工资为 35266 元,同比增长 12.0%。全省最低月工资标准调整为 1470 元、1310 元、1200 元和 1080 元四档,最高档增幅为 12.2%,新标准工资水平居全国前列。

(四)财政收支增速回落,支出结构继续优化

2012 年,全省地方公共财政预算收入 3441.2 亿元(见图 1-12),同比增长 9.2%,增速较上年回落 11.6 个百分点。从走势看,上半年地方公共财政预算收入同比增幅持续回落,6 月份降至 4.4% 的全年最低点,下半年逐渐回升。营业税、增值税、企业所得税分别增长 16.1%、9.9% 和 7.7%,对地方公共财政预算

收入贡献率为 80.2%,个人所得税同比下降 3.6%。

全省地方公共财政预算支出 4161.9 亿元,同比增长 8.3%,较上年回落 11.5 个百分点。教育、医疗卫生、社会保障与就业、住房保障等民生领域支出合计 2648.1 亿元,占总支出的 55.5%,较上年提高了 1.1 个百分点,支出结构进一步优化。

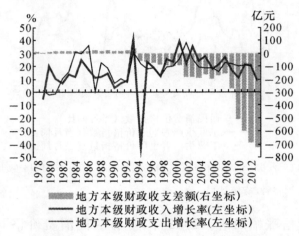

图 1-12 1978—2012 年浙江省财政收支状况

数据来源:浙江省统计局。

(五)节能降耗扎实推进,生态建设成效明显

2012 年,浙江省继续实施资源节约和环境保护行动计划,积极推进生态省和生态文明建设,节能减排成效明显,全年单位地区生产总值能耗比上年降低 6.0%,全面完成化学需氧量、二氧化硫的减排目标。规模以上工业增加值能耗下降 7.6%,38 个工业行业大类中,34 个行业单位地区生产总值能耗下降。

实施能源消费总量和能耗强度双控制度,加强主要污染物排放总量控制,地表水水质达到三类以上的比例为 64.3%,较上年提高 1.4 个百分点。县级以上城市空气质量达到二级标准的占 98.6%,较上年提高 5.8 个百分点。淘汰落后水泥产能 731 万吨、印染 5.3 亿米、铅酸蓄电池 179 万千伏安时。

专栏 2 温州、丽水两项金融改革取得阶段性成效

2012 年 3 月 28 日,国务院决定设立温州市金融综合改革试验区。3 月 30

日,中国人民银行和浙江省人民政府联合发文,决定在丽水市开展农村金融改革试点。在两项改革总体方案的框架下,温州和丽水金融改革有序推进,取得了阶段性成果。

一、温州金融综合改革试验区工作进展情况

温州金融综合改革在引导民间融资规范化和阳光化、推进金融机构和产品服务创新等方面取得积极进展。

积极引导民间融资阳光化和规范化。建立民间融资登记服务平台,已开业运营4家登记服务中心,全年借贷总成交金额4.2亿元。开展民间资本管理公司试点,6家民间资本管理公司向155个项目投放资金5.6亿元。温州市中心支行按季发布温州市民间借贷监测利率,社会反响较好。

大力推进金融机构和产品服务创新。温州辖内商业银行设立小微企业专营机构106家,2家农村合作银行改制为农村商业银行,开业村镇银行6家,实现县域范围机构布局全覆盖。设立小微企业融资综合服务中心,拓宽抵质押担保范围,发展设备融资租赁,深化小额贷款保证保险试点。

多渠道破解中小企业融资问题。建立温州金融改革广场,打造以产权交易为基础、集各类权益交易为一体的综合型金融服务平台。拓展多元化融资渠道,2012年新增4家上市企业,募集资金34.5亿元;成功发行4只企业债券,筹集资金38亿元。银行间市场债券融资实现突破,成功发行中期票据12亿元、短期融资券5亿元和中小企业集合票据1.7亿元。

加快金融基础设施建设。金融业综合统计制度建设稳步推进,初步完成金融业综合统计信息平台和温州金融监测报数平台两大系统建设,首批40家融资性担保公司、46家保险公司、12家证券公司及14家典当行进入数据试报阶段。加快推动社会信用体系建设,将征信查询服务延伸至温州市民间借贷登记中心,7家小贷公司接入征信系统,2家村镇银行完成接入征信系统的数据测试工作。培育、推动和监督评级市场发展,完成130家借款企业、融资性担保公司的评级工作。制定第三方支付发展工作方案和实施细则,建立温州辖内第三方支付机构孵化库。

二、丽水农村金融改革进展情况

丽水农村金融改革着力深化"林权抵押贷款、农村信用体系建设、便农取款"

等三大亮点,初步形成了金融支农惠农的"丽水模式"。

深化信贷支农工程。依托市、县两级的"三中心一机构"(即林权管理中心、森林资源收储中心、林权交易中心和森林资源调查评价机构)的森林资源流转服务平台,创新信贷支农模式,推动林权抵押贷款扩面增量。2012年年末,丽水市林权抵押贷款余额30.2亿元,居全省首位,惠及林农20余万人,不良贷款率仅为0.17%。以林权抵押为突破口,丽水还创新推出以茶园、生态公益林等为抵押担保的支农产品。

深化信用惠农工程。稳步推进农户、社区居民和中小企业"三位一体"的社会信用体系建设。全面开展农户信用评价工作,将38万多户农户信用信息纳入农户信用信息系统,基本实现了全市农户信用信息的共享,并建立了农户信用信息动态管理机制。2012年年末,行政村和农户信用评价面分别为100%和92%;17.7万信用农户累计获得159.7亿元贷款,同比增长52.4%。

深化支付便农工程。依托全市助农取款服务点网络,实施农村反假货币、国债宣传服务、民间借贷监测、金融知识普及和金融消费权益保护工作机制建设,农村金融生态环境持续优化。通过"POS机+验钞机+保险箱"模式,率先实现"银行卡助农取款服务"在所有行政村的全覆盖。2012年年末,已在2114个行政村设立了助农取款服务点,累计办理小额取现54.6万笔、金额1.1亿元。

下阶段,温州市金融综合改革试验区建设方面,将引导民间资本进入金融业,推动直接融资扩面增量,完善民间借贷和融资服务平台,有序加快小贷公司、村镇银行等机构接入征信系统,指导并支持资质良好的民营企业申请互联网支付等业务许可。丽水市农村金融改革试点方面,将通过农村金融机构、产品和服务、管理等体制机制创新,加快完善农村金融基础服务体系的步伐。

(六)房地产运行平稳,软件行业亮点纷呈

1.房地产市场运行平稳,差别化信贷政策有效落实。2012年,浙江省房地产市场调控成效进一步显现,开发投资及居民购房更趋理性。

房地产投资放缓。2012年,全省房地产开发投资5226亿元,同比增长16.8%,较上年下降31.7个百分点。施工面积、新开工面积和竣工面积同比分别增长11.7%、-23.4%、-5.2%(见图1-13),增速继续回落。保障性住房建

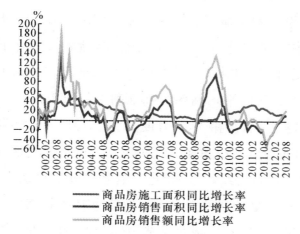

图 1-13　2002—2012 年浙江省商品房施工和销售变动趋势

数据来源:浙江省统计局。

设进度加快,全年新开工 16.2 万套,完成计划任务的 114.6%,完成农村住房改造 41.2 万户。

商品房成交量稳价跌。2012 年,商品房销售面积同比增长 13.4%,销售额同比增长 22.7%,其中住宅销售面积及销售额同比分别增长 20.3% 和 31.1%。2012 年,主要城市房价指数回落,12 月杭州、宁波、温州新建商品住宅销售价格指数同比分别下降 7.6%、7.4% 和 11.4%(见图 1-14),降幅居 70 个大中城市前三位。

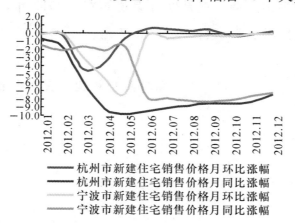

图 1-14　2012 年浙江省主要城市新建住宅销售价格变动趋势

数据来源:浙江省统计局。

房地产贷款增速趋缓。2012 年年末,全省房地产贷款余额同比增长 6.3%。全省保障性住房开发贷款余额同比增长 145.9%,较上年上升 36.3 个百分点。

差别化住房信贷政策成效明显,重点支持中小套型、中低价位普通住宅的购房需求,90平方米以下住宅套数占比36.6％,比上年提高1.6个百分点。个人首套房贷款平均首付款比例为38.8％、平均利率为基准利率的0.92倍;二套房贷款的平均首付比例为62.7％、平均利率为基准利率的1.1倍。

2.软件产业快速发展,金融支持力度加大。2012年,全省软件和信息技术产业业务收入1411亿元,利税总额444.6亿元,同比分别增长13％和18％,实现收入、结构、效益和出口持续增长,促进全省经济转型升级。

全省软件产业发展呈现以下特点:一是信息技术服务引领增长。2012年,软件服务收入同比增长59.2％,成为全省软件产业增长的重要支撑。二是龙头企业贡献突出。2012年,十强企业收入和利润增幅分别高出本行业增速15.3和13.9个百分点,淘宝、网新科技等一批行业龙头企业带动效应突出。三是软件产业集聚效应显著。杭州、宁波、嘉兴和金华等市以软件园或产业园为依托,大力推进产业集聚发展。

金融支持软件产业力度加大。一是信贷支持有力。2012年全省软件产业贷款余额同比增长17.3％,高于各项贷款余额增速5.5个百分点。二是金融产品不断创新。2012年年末,全省知识产权质押贷款余额9.2亿元,为中小软件企业盘活无形资产提供支持。三是融资渠道拓宽。2012年,浙大网新科技公司成功发行4亿元短期融资券,累计发行15亿元。

(本报告由中国人民银行杭州中心支行提供)

第二章　2012 年度浙江省地方金融业改革与发展报告

一、2012 年浙江省地方金融业改革主要举措及成效

2012 年,在国际国内经济金融形势严峻的复杂背景下,我省金融系统紧紧围绕省委、省政府"调结构、抓转型,重投入、兴实体,强改革、优环境,惠民生、促和谐"的工作思路,扎实做好金融"保障、创新、防范、发展"四方面的工作,取得了新突破,主要有以下"十大亮点":

一是全省金融工作会议胜利召开,一系列政策相继出台。2012 年 4 月,省委、省政府联合召开了全省金融工作会议暨推进温州市金融综合改革试验区工作动员大会;6 月,省委、省政府又联合下发了《关于加快金融改革发展的若干意见》,对我省今后一个时期的金融工作进行了全面系统的部署,明确了"12345"的总体工作思路。此外,省金融办还制定出台了《改善金融服务支持实体经济发展的若干意见》等一系列政策文件。

二是温州、丽水两项金融改革全面启动。由国务院同意设立的温州市金融综合改革试验区和由中国人民银行总行、浙江省政府共同批准实施的丽水农村金融改革试点已经全面启动并取得了阶段性成效。省金融办承担温州金融改革省领导小组办公室和民间融资服务组两方面工作任务,协助温州编制完善实施方案及年度计划,积极做好对外宣传,稳步推进民间融资立法及"温州指数"研究发布等大量工作。此外,还出台了海洋经济发展示范区系统性融资规划,指导舟山完善海洋发展银行可行性报告,协助完善义乌金融改革专题方案,上述工作使得我省的金融发展与"三大国家战略"结合得更为紧密。

三是多元化金融要素保障渠道进一步拓展。多次召开银行业金融机构座谈

会,积极开展银行系统民主评议行风活动,引导银行机构继续加强信贷支持,切实规范经营行为,全省新增本外币贷款 6266.7 亿元。积极推广"无还款续借业务"、"年审制"等还款新模式,有效降低了小微企业融资成本。稳步推动企业上市融资,全年新增 23 家上市公司,另有 23 家上市公司实现再融资,两者合计融资 300.5 亿元。制定了对金融机构承销债务融资工具的奖励办法,债券融资大幅增长,全年共有 126 家企业发行债务融资工具 836 亿元,同比增长 96%。中小企业私募债试点取得重要突破,截至 2012 年 10 月,已完成发行 15 家,筹集资金 16 亿元,居全国首位。

四是区域性股权交易市场迈出实质性步伐。在省金融办的大力推动以及证监会的大力支持下,浙江股权交易中心正式开业,首批挂牌企业 55 家,为中小企业的成长发展直至上市提供了新的培育平台,区域性场外交易市场建设实现重大突破。与此同时,根据国务院要求,省金融办牵头开展全省各类交易场所的清理整顿工作,66 家交易场所通过了省清整办的审核。

五是小贷公司规范性监管增强。小贷公司的日常监管职能调整为由全省金融办系统承担后,省金融办制定出台了《浙江省小贷公司监督管理暂行办法》以及 5 个配套政策,全省小贷公司的监管体制逐步健全。2012 年,全省新增设立小贷公司 91 家,全省已开业小贷公司 277 家,注册资本金总额为 576 亿元,可贷资金规模 829.6 亿元,当年累计发放贷款 2557.7 亿元,主要投向县域、城镇的小微企业和"三农"。全省小额贷款实现净利润 62.2 亿元,不良率 0.95%。

六是地方金融改革稳步推进。浙商银行增资扩股方案获股东大会通过并启动了上市程序。通过改制宁波东海银行、宁波国际银行等 2 家城市商业银行,我省城市商业银行增加到 13 家。中韩生命人寿股份有限公司正式成立,我省法人总部保险公司达到 3 家。农信社改革稳步推进,已有 8 家农商行正式挂牌,4 家已批复股改方案,第三批 12 家试点名单已下发。2 家股权投资管理公司进入 2012 年中国创业投资机构前 50 强。

七是防范处置企业资金链、担保链风险积极有效。针对各地连续发生的风险事件,省金融办将处置企业资金链、担保链风险作为 2012 年工作的重中之重,对一些影响大、跨区域、涉及众多银行的风险事件,积极承担起牵头协调责任,共牵头召开各类风险处置协调会 20 多次,如以虎牌集团为代表的杭州家具行业互保圈风险事件,海宁的宏昌制革、诸暨经发集团、萧山肯莱特等企业风险事件在省金融办协调下得到平稳妥善处置,多次得到省委、省政府主要领导批示鼓励。同时,会同省法院、浙江银监局等部门推动银行加快不良贷款处置,争取年内核销处置 200 亿元左右的不良资产,基本遏制我省不良贷款连续"双升"的势头。

八是民间融资等试点工作取得积极进展。大力推动民间融资管理立法工作,起草了《民间融资备案管理指导性意见》等三个民间融资规范性文件。在温州先行试点的基础上,制定了全省范围民间融资扩大试点方案。同时,大力打击非法集资,前 11 个月全省非法集资立案 456 起,涉案金额 283 亿元。金融创新示范县试点稳步推进,全省首批 7 个示范县已全部完成促进当地金融业发展的规划与试点工作方案,试点方向各有亮点,成效明显。小额贷款保证保险试点进一步扩大,11 个地市均已开展该试点,截至 2012 年 11 月底全省小额贷款保证保险累计承保 2330 笔,17.4 亿元。

九是调查研究进一步深入,重点提案圆满完成。扎实开展"进村入企"、"双服务"等活动,深入了解、协调解决企业和群众反映的困难和问题。赴温州、绍兴等地开展还款方式创新等主题调研,形成了详实的调研报告。办理省人大建议、政协提案共 82 件,其中主办 31 件,尤其是圆满完成了由夏宝龙省长亲自领办,乔传秀主席督办的省政协十届五次会议第 65 号、第 80 号重点提案办理工作,得到了省政协的充分肯定。此外,上报省委、省政府信息 51 篇。

十是内部管理和干部队伍建设有了新提升。认真学习贯彻党的十八大和省第十三次党代会精神,先后组织了全省金融管理人员高级研修班、公文处理和信息工作培训班,开展了"我们的价值观"大讨论和"一封家书"征文活动。继续深化党风廉政建设,更好地促进了内部管理的制度化和规范有序运转。同时,各地市、各县(市、区)的金融办机构也进一步健全,全省金融办系统力量进一步增强。

二、下一步地方金融改革与发展的重点工作

2013 年,省金融办以党的十八大精神和省第十三次党代会精神为指导,认真落实中央、省经济工作会议精神,抓住温州金融综合改革和丽水农村金融改革这一历史契机,坚持加强实体经济金融保障"一条主线",围绕破解"两多两难"、

做强地方金融"两大目标",抓好深化金融改革、推进金融创新、防范金融风险"三项重点",健全与浙江省经济特点相匹配的金融市场、组织、产品和监管体制,增强金融保障服务能力、金融产业竞争力、金融抗风险能力,为全面推进"两富"现代化浙江建设提供金融支撑。具体工作将抓好"十大重点":

（一）在发挥信贷保障主渠道的同时,扩大直接融资占比。继续抓好银行信贷保障的跟踪落实,争取信贷供给平稳增长。综合运用银行"表内＋表外"、"信贷＋直接融资"、"投行＋商行"等方式,扩大资金来源。引导银行机构优化信贷结构,加强对"四大"建设、转型升级重点产业的支持。大力拓展多元化直接融资渠道,进一步提高直接融资占比。继续利用好证券市场,推动重点领域企业上市和再融资,培育一批重点后备企业;充分利用银行间市场,支持企业发行短期融资券、中小企业集合票据等债务融资工具;推动中小企业私募债发行和转让;加强保险公司交流合作,引入保险资金支持地方经济和社会建设。

（二）以推动温州金融改革见效为重点,深化地方金融改革。争取出台《浙江省温州市民间融资管理条例》,"温州指数"更加成熟并定期发布,民间借贷服务中心、民间资本管理服务机构试点扩面;新设机构争取落地;金融重点创新项目力争取得实质性进展。省金融办将加强对温州金融改革的指导,调动金融机构参与金融改革的积极性,选择工商银行等国有大行率先在温州探索利率形成机制改革。深化丽水农村金融改革试点,积极总结和推广试点经验。进一步指导和支持舟山新设海洋发展银行等金融机构。推动义乌开展贸易金融产品、人民币跨境业务、外汇管理等创新。促进浙商银行增资扩股正式实施,进一步深化农信社改革,搞活做强县级行社。

（三）以区域股权交易中心为抓手,推进地方金融市场体系建设。创新交易制度和业务品种,建立区域性股权交易市场代理网点体系,引导更多中小企业进场挂牌,帮助挂牌企业实现多渠道融资、建立现代化企业制度,进一步发挥股权交易市场的功能。整合省、市资源,争取金融资产交易中心起步运行。建立和完善各类交易市场的监管体制,规范市场秩序,防范金融风险。

（四）以"规范年"为主题,推动小贷公司健康有序发展。深入开展小贷公司"规范年"活动,制定监管配套政策,加强小贷公司日常监管。进一步推动落实小额贷款发展的财税政策,在做优存量的基础上,积极稳妥推进小贷公司发展。继续利用好银行融资的同时,研究开展小贷公司定向债、资产转让等方式拓展融资渠道。争取小额贷款信息平台尽早投入使用,推动全省小贷公司发挥整体优势,力争我省小贷公司试点工作始终走在全国最前列。

(五)加强民间融资制度建设,推进民间融资规范化、阳光化。在全省选择10个县(市、区)开展民间融资备案管理、发展民间融资专业化组织等试点工作。争取出台《浙江省温州市民间融资管理条例》地方性法规,推动10个试点县参照执行。加快推进非法集资大要案处置,积极开展宣传教育,做好非法集资案件统计及分析研判。

(六)以台州小微金融改革等试点为探索,优化小微和"三农"金融服务。启动台州小微金融改革试点,结合小微金融体系创新课题研究,制定实施方案,争取在小微企业贷款方式、还款方式和定价机制创新、破解小微金融服务难题的新渠道、新模式等方面有所突破。引导银行机构继续加强小微企业金融服务创新,大力推广"无还款续借业务"等新模式。适当扩大金融创新示范县试点范围,支持示范县积极探索具有地方特色的金融创新。

(七)充分运用并购重组、股权投资等金融手段,促进产业转型升级。引导上市公司、股权交易中心挂牌公司积极开展并购重组,加强与中信、信达等并购基金的对接,探索龙头上市公司参与并购基金模式,促进相关行业整合提升。推动设立浙商转型升级母基金、增信基金,通过母基金的导向和放大作用,支持各类私募基金提升发展。引导股权投资机构加大对科技型企业、中小企业的投资力度,促进战略性新兴产业加快发展。

(八)抓好信用建设和风险防范,维护良好的金融生态环境。抓好温州金融改革信用体系建设,推动民间借贷服务中心等信息平台扩面,促成更多的资金供求双方实现交易。进一步拓宽丽水农村信用体系建设覆盖面,强化信用信息共享平台的运用。推动台州探索小微企业信用体系建设。充分借鉴和运用阿里金融、中新力合等民间中介机构信用评估的做法和实践。继续做好企业资金链、担保链风险牵头处置协调工作,积极推动银行不良资产处置。及时宣传金融改革进展,举办高层次论坛活动,多发出正面声音,维护我省良好的金融生态环境。

(九)建立金融研究联盟,开展重点领域的深度调研。牵头联合"一行三会"的研究机构和省内大专院校的研究力量组成金融研究联盟,集聚省内外智慧和力量,通过专项课题研究以及论坛等形式对浙江金融改革创新过程中遇到的各类重点、难点问题进行深入研究。重点开展财税与金融发展、农信机构的改革与发展、地方金融监管、金融法制环境建设、小微金融体系创新、担保链续贷等问题的研究。加大信息工作力度,充分挖掘深度信息。

(十)加强学习培训,进一步提升金融办系统队伍素质。加强干部分类培养,抓好金融办系统机构队伍建设和廉政建设;加强小贷公司监管、交易场所监管等业务的培训和指导,督促和推动各市、县金融办机构和人员及时到位,上下联动,确保各项工作有序推进。完善和细化内部管理各项制度,增强工作计划性。争取启用系统内网、开通门户网站,提升办公自动化水平。

(本报告由浙江省金融办提供)

金融行业类别报告

第三章　2012年度浙江省银行业发展报告

一、2012年度浙江省银行业运行的经济环境

(一)经济运行呈"企稳回升、稳中有进"发展态势

2012年,全省地区生产总值34606.3亿元,同比增长8%。其中,第一产业增加值1669.5亿元,同比增长2%;第二产业增加值17312.4亿元,同比增长7.3%;第三产业增加值15624.4亿元,同比增长9.3%。

工业增速稳步回升。2012年,规模以上工业增加值10875.3亿元,同比增长7.1%,比1—9月提高1.2个百分点。转型升级步伐有所加快,战略性新兴产业增加值2520.8亿元,同比增长9.2%,增速高于规模以上工业2.1个百分点;规模以上工业新产品产值率达23%,同比提高1个百分点。

三大需求稳中有升。一是固定资产投资保持较快增长,对经济增长的拉动作用显著加大。2012年固定资产投资增速达21.4%,高于全国0.8个百分点。二是消费增速有所加快。2012年社会消费品零售总额13546.34亿元,同比增长13.5%,比1—9月加快0.3个百分点。三是出口增速有所加快。2012年进出口总额3122.36亿美元,同比增长0.9%,与1—9月持平,出口总额2245.7亿美元,同比增长3.8%,比1—9月提高0.8个百分点。

市场价格涨幅回落。一是居民消费价格涨幅回落。1—12月浙江居民消费价格总水平同比上涨2.2%,涨幅比1—9月回落0.2个百分点,比全国低0.4个百分点。二是12月浙江工业生产者购进价和出厂价同比下降2.8%和2.4%,降幅比上月缩小0.9和0.3个百分点,降幅持续收窄。

(二)经济运行存在的主要问题

一是市场需求不足,经济增长面临诸多挑战。2012年,规模以上工业销售产值仅增长5.9%,其中,出口交货值增长1.3%,内销增长7%,增速分别比上年低15.2、11和16.6个百分点,产销率为97.4%,比上年下降0.3个百分点。工业生产者出厂价格和购进价格分别下降2.7%和3.3%,也反映市场需求不足。受欧、美、日等国家主要市场疲软,贸易保护主义抬头等不利因素影响,2012年,浙江省外贸出口增长3.8%,比上年回落16.1个百分点,比全国(7.9%)低4.1个百分点。居民消费支出增长低迷,消费倾向下降。从限额以上贸易企业分类商品零售额看,2012年,汽车类增长7.3%,增速比上年回落9.3个百分点,对社会消费品零售总额的增长贡献率从上年的17.8%下降到10.2%;在"节能补贴"等刺激消费政策作用下,家电零售额降幅虽从1—2月的16.6%缩小到6.2%,但仍与上年增长17.1%形成较大反差。外需疲软,内需走弱,经济持续增长面临诸多挑战。

二是企业经营效益下滑,经营困难依然突出。企业利润不断下滑,是当前阻碍工业经济发展的重要障碍。2012年1—11月,浙江规模以上工业企业利润同比下降8.8%,全国同比增长3%。经营成本、用工成本不断上升,挤占利润空间,小微企业经营困难依然突出。2012年,小微企业工业增加值比上年增长6.7%,增速低于大型企业1.5个百分点,特别是8月以来与大型企业差距较大,10月、11月、12月分别相差9、7.7和6.2个百分点。2012年,规模以上工业主营业务利润率由上年的5.6%降至5.1%,其中小微企业仅为4.5%;主营业务成本占收入的86.1%,小微企业高达87.1%。

三是宏观环境不利及长期积累的深层次矛盾进一步显现。虽然近几个月我国制造业PMI有所回升,但实体经济仍未见明显好转,未来发展仍面临较大压力。从浙江来看,受经济大环境和我省长期积累的结构性、体制性因素影响,工业受到的冲击远大于全国其他省份。浙江出口商品中劳动密集型和低附加值的商品所占比重仍较高,抗风险能力弱。以纺织品服装为例,2007年浙江纺织品服装出口占全省出口总额的27.7%,2012年上半年这一比重为26.1%,而全国同期这一比重从14.1%降至11.9%。受多种因素影响,实体经济利润微薄,企业家投资信心下降,缺乏转型升级的动能。

二、2012 年度浙江省银行业发展概况

2012 年,浙江银行业正确处理保增长与防风险的关系,努力增加信贷的有效投入,业务规模稳步增长,为浙江经济保持平稳发展提供了有力保障。截至12 月末,全省银行业资产总额达到 84968.76 亿元,比年初增加 9423.59 亿元,同比增长 12.47%;负债总额达到 81900.83 亿元,比年初增加 9241.84 亿元,同比增长 12.72%。

(一)各项存款增长乏力

2012 年年末,浙江银行业各项存款余额 66679.08 亿元,比年初增加5789.55 亿元,同比少增 717.56 亿元。从结构上看,存款的同比少增主要在以下两块:一是单位存款新增 2402.23 亿元,同比少增 574.52 亿元,占各项存款少增额的 80%。单位存款同比少增主要是因为表外业务中跟单信用证大幅收缩导致保证金存款下降。12 月末,跟单信用证余额 3701.24 亿元,比年初下降138.65 亿元。二是个人存款新增 2963.4 亿元,同比少增 295.92 亿元,占各项存款少增额的 41.24%。个人存款同比少增主要是由于结构性存款比年初增加0.99 亿元,同比少增 491.73 亿元。

(二)信贷增量总体平稳

12 月末,全省银行业各项贷款余额为 59509.22 亿元,同比增长 11.78%;贷款新增 6266.72 亿元,同比少增 214.7 亿元。从季度投放情况看,一、二、三、四季度分别投放 1711.52 亿元、1691.92 亿元、1531.05 亿元和 1332.23 亿元,贷款增长呈逐季减缓态势,投放节奏把握较好,总体比较平稳。贷款少增主要是由于短期个人贷款少增,12 月末,短期个人贷款及透支新增 800.7 亿元,同比少增598.27 亿元。

(三)信贷投放结构优化,对实体经济支持力度加大

一是信贷投放的区域结构得到改善,对欠发达地区的信贷支持力度加大。经济欠发达的衢州、丽水和舟山三地银行业金融机构2012年年末贷款合计占比比年初上升0.13个百分点。衢州和丽水贷款余额同比分别增长15.41%和16.57%,高于全省平均增速3.63和4.79个百分点。

二是对实体经济的信贷支持力度进一步加大。2012年,辖内银行业金融机构积极投入到"服务实体经济"主题活动中,在信贷投向上,加大对浙江海洋经济发展示范区、义乌国际贸易综合改革试点等四大国家战略、"大平台、大项目、大产业、大企业"等四大建设、战略性新兴产业发展、传统优势产业改造和科技型企业发展的支持力度,积极开展绿色信贷业务;全力推动贷款新规执行,严控信贷资金流向民间借贷和股市楼市等虚拟经济领域,确保资金有效进入实体经济,全年信贷投向制造业,批发和零售业,建筑业,交通运输、仓储、邮政业,电力、热力、燃气及水业的新增贷款合计占比为87%。三季度以来,浙江银行业认真贯彻国家有关政策精神,加大对出口型企业信贷支持力度,千方百计扩大贸易融资规模,促进外贸平稳增长。截至12月末,全省银行业贸易融资余额3420.33亿元,比年初增加741.42亿元,增速为27.88%,高于各项贷款增速16.1个百分点。

(四)不良贷款余额和比例"双升",但趋势减缓

2012年年末,全省银行业不良贷款余额951.51亿元,比年初增加460.11亿元。不良贷款率1.6%,比年初上升0.68个百分点。分地区看,新增不良贷款主要发生在温州、杭州和宁波,合计占比78.7%。从贷款增速来看,进入四季度以来,贷款增速减缓,四季度不良贷款增加51.51亿元,不良率增加0.06%,其中11月还出现了"双降"。

(五)改革创新稳步推进,金融生态不断丰富

2012年,辖内银行业金融机构积极而有序地推进改革与创新,金融组织体系建设得到进一步加强。

一是农村金融改革取得新成果。截至2012年年末,辖内共有8家农商行开

业,比年初增加 5 家。辖内超过 1/3 的行社已完成或启动股份制改革。全辖已开业村镇银行 39 家,预计 2013 年将基本实现县域村镇银行的全覆盖。

二是其他银行业金融机构改革齐头并进。调整优化邮政储蓄银行改革设计,全年二类支行共启动改革 36 家,其中已完成并批复开业 12 家;指导省工商信托完成重新登记并加强开业指导,支持符合条件的企业集团组建财务公司,省交投集团财务公司获银监会批准。优化外资银行地域布局,鼓励提供差异化服务,积极推动澳新、华侨两家银行分别在杭州、绍兴设立分行。

三是经营转型有序推进。台州银行和泰隆银行等城市商业银行定位小微,实践社区化经营,基本走出一条符合自身情况的银行经营之路。新昌农村合作银行等农村金融机构定位做农做小,以发展微贷业务为切入点,推进经营转型。杭州银行、温州银行等城市商业银行强化特色服务,培育细分市场特色品牌,除将信贷资源适当向小微企业倾斜外,还在科技金融、投行业务、温商(浙商)等特色群体服务上狠下功夫,特色逐渐显现。

(六)小微金融专营体系不断完善,服务水平稳步提升

2012 年,浙江银行业金融机构服务小微企业的理念不断深化,信贷支持力度不断加大,服务水平不断提高。

一是小微企业贷款保持全国第一。截至 2012 年 12 月末,全省小微企业贷款余额 22014 亿元,比年初增加 2867 亿元,当年累放 27791 亿元,小微企业贷款(含个人经营性贷款)余额、增量、累放额、户数均居全国各省(自治区、自治区)首位。

二是专营服务体系建设成效显著。根据银监会进一步做好小微企业金融服务的政策精神,浙江在全国率先制定了批量化设立小微企业贷款专营机构的政策。

三是金融服务创新成果丰硕。辖内银行机构主动对接小微企业,根据小微企业客户属性,在机构体系、产品服务、风险控制方面进行了系列创新,浙江银行业小微企业金融创新水平全国领先。2012 年,面对外部严峻的经济形势,重点开展小微企业还款方式和信用贷款试点,涌现出了年审制、无还本续贷等 5 大类50 多种还款方式创新产品以及 6 大类 20 多种信用贷款创新产品。

(七)涉农信贷投放力度加大,金融支农工作成效显著

2012 年,在各级监管部门的积极推动和各银行业金融机构的不懈努力下,我省银行业金融支农工作取得较好的成绩。

一是支农服务向下向小延伸。按照"先试点,后推广"方式,引导农村合作金融机构在行政村逐步设立带存取款功能的金融便民服务点,切实方便农民。截至 2012 年年末,全省农村合作金融机构已设立农信金融服务终端 130 台。同时,推动农村合作金融机构"抓大放小",适度上收大额公司类贷款管理权限,设立小微企业贷款或农贷专营机构,提升小微贷的专业化水平。

二是涉农贷款投放力度不断加大。支持农村合作金融机构开办贷记卡等金融业务,提升支农服务功能。2012 年,共批复同意 19 家机构开办贷记卡业务,5 家机构开办外汇业务。完善差别化监管措施,对农贷需求季节性强的 13 家机构实施弹性存贷比管理。涉农贷款投放形势良好,截至 2012 年 12 月末,全省金融机构涉农贷款余额 25010.8 亿元,占各项贷款余额的 42.03%,比年初增加 3461.1 亿元,比年初增长 13.84%。

三是新型农村金融机构支农作用不断显现。截至 2012 年年末,全省新型农村金融机构各项存款余额达 258.96 亿元,比年初增加 76.66 亿元;各项贷款余额 299.2 亿元,比年初增加 89.84 亿元。新型农村金融机构农户贷款 41383 户,农户贷款占比 46.07%,户均贷款余额 33 万元;小企业贷款户数 4701 户,贷款占比为 42.81%,户均贷款余额 272.49 万元。新型农村金融机构的发展,丰富了农村金融生态,使得广大农户不仅得到了贷款,还降低了融资成本,得到了更多的实惠和收益。

三、银行业机构分类别发展状况

(一)政策性银行

2012 年年末,全省政策性银行本外币资产总额 3765.44 亿元,比年初增长 14.58%;其中,各项贷款余额 3682.85 亿元,比年初增加 669.14 亿元,同比增加

79.06 亿元,余额同比增长 22.2%;贷款余额占全部银行业贷款的比重为 6.19%,同比上升 0.49 个百分点;新增贷款占全部银行业新增贷款的比重为 10.68%,同比上升 1.58 个百分点。负债总额 3723.88 亿元,比年初增长 12.72%;其中,各项存款余额 352.72 亿元,比年初增加 107.48 亿元,同比增长 43.85%。

(二)国有商业银行

2012 年年末,全省国有商业银行本外币资产总额 34632.77 亿元,比年初增长 3.53%;其中,贷款余额 28228.5 亿元,比年初增加 2130.06 亿元;贷款余额占全部银行业贷款余额的比重为 47.44%,同比下降了 1.59 个百分点;新增贷款占全部银行业新增贷款的比重为 33.99%,同比下降了 4.4 个百分点。负债总额 34217.73 亿元,比年初增长 4.15%;其中,存款余额 31608.03 亿元,比年初增加 1241.7 亿元,同比增长 4.08%;存款余额在全部银行业存款中的比重为 47.4%,同比下降了 2.47 个百分点,新增存款占全部银行新增存款的 21.45%,同比下降 23.94 个百分点。

(三)股份制商业银行

2012 年年末,全省股份制商业银行本外币资产总额 18578.74 亿元,比年初增长 21.29%;其中,各项贷款余额 12642.49 亿元,比年初增加 1261.97 亿元,同比增长 12.12%;贷款余额占全部银行业贷款余额的比重为 21.24%,同比提高了 0.06 个百分点;新增贷款占全部银行业新增贷款的比重为 20.14%,同比上升了 1.3 个百分点。负债总额 18578.74 亿元,比年初增长 22.3%;其中,各项存款余额 13591.05 亿元,比年初增加 1629.12 亿元,同比增长 14.69%;存款余额占全部银行业存款的比重为 20.38%,同比上升 0.92 个百分点,新增存款占全部新增存款的 26%,同比上升 4.67 个百分点。

(四)城市商业银行

2012 年年末,全省城市商业银行本外币资产余额 11627.62 亿元,比年初增长 24.49%;其中,各项贷款余额 5622.11 亿元,比年初增加 853.29 亿元,同比增长 15.36%。负债总额 10837.73 亿元,比年初增长 24.71%;其中,各项存款余额 7025.42 亿元,比年初增加 989.61 亿元,同比增长 14.28%。

城商行作为小微企业金融服务的主力军,大力推进小微金融业务。截至 2012 年 12 月末,城商行小微企业贷款余额 2463.47 亿元,占各项贷款的 56.3%,一半以上的新增贷款均投向小微企业。2012 年,各家城商行多措并举,切实改善小微企业金融服务水平。一是加强小微企业金融服务创新,绍兴银行、杭州银行等多家城商行相继推出"年审工厂"、循环贷等创新服务,台州 3 家城商行小微金融服务形成的特有"台州现象"得到省委、省政府领导的充分肯定。二是以批量化方式设立小微企业专营支行,提升小微企业金融服务能力。2012 年 12 月中旬已核准城商行筹建小微企业专营支行 37 家,核准开业 3 家。城商行机构向县域和欠发达地区延伸,新设支行中超半数为县域支行,扩大了金融服务的覆盖面。三是发行小微企业金融债,扩大融资渠道,截至 2012 年年末已获批 175 亿元、实际发行 130 亿元,发债机构数量及发债金额居各省城商行前列,杭州银行成为首家在银行间市场中发行小微金融债券的城商行。

2012 年,城商行以推进新资本监管标准的实施为契机,完善顶层设计,持续改进公司治理。经测算,10 家城商行在新资本管理办法下资本充足率指标均能达到监管要求。杭州银行、泰隆商行开展了全面风险管理及新资本协议项目和零售业务评级项目。辖内城商行通过增资扩股和二级资本发行,提升资本实力、优化资本结构。湖州、温州、稠州、民泰等 4 家城商行进行了增资扩股或股权优化,增加注册资本 1.35 亿元。

(五)农村中小金融机构

1. 农村合作金融机构。2012 年年末,全省农村合作金融机构本外币资产余额 12554.63 亿元,比年初增长 14.92%;其中,各项贷款 7303.77 亿元,比年初增加 896.2 亿元,同比增长 13.99%。负债总额 11440.1 亿元,比年初增长 13.98%;其中,各项存款余额 10222.68 亿元,比年初增加 1286.46 亿元,同比增长 14.4%。

我省农村合作金融机构坚持支农支小,服务实体经济,以"稳增长、防风险、促转型、强服务"为主基调,积极应对复杂的经济金融形势,各项业务实现平稳较快增长,综合实力进一步提升。到 12 月末,全省农信系统涉农贷款和小微企业贷款余额分别为 5061.37 亿元和 5633.37 亿元,分别比年初增加 662.47 亿元和 841.17 亿元,增速分别为 15.06％和 17.55％。其中。小微企业贷款新增占全部贷款新增比例达 96.19％,新增贷款主要投向农林渔牧业、制造业、批发零售业等实体经济领域。积极落实惠企减负措施,为农户和小微企业减负、让利,对企业执行优惠利率,不向企业收取财务顾问费、咨询费等,切实降低企业融资成本;对丰收小额贷款卡实行手续费全免,近年来仅此一项就让利客户 3.5 亿元;取消经营服务性收费项目 21 项,降低收费项目标准 22 项,减少中间业务收费金额 5627 万元。

农村合作金融机构积极创新服务,一是创新信贷产品。全面推广丰收小额贷款卡,创新推出贷款额度在 30 万～100 万元之间、专为小微企业量身定做的丰收创业卡。依托农村信用工程发放农户信用贷款和小微企业信用贷款。二是创新担保方式。创新开办农信股权反担保质押贷款,积极开办存货、应收账款、林权、海域使用权等抵质押贷款。三是创新微贷技术。创新开发"贷款延期""贷款宽限期"等还款方式,引进德国等国家和台湾地区微贷技术,探索建立全系统统一的微贷技术系统平台;推进小微企业服务专业化建设,设立专营机构 65 家。

2. 村镇银行。截至 2012 年年末,浙江村镇银行各项存款余额 294.72 亿元,比年初增加 85.97 亿元;各项贷款余额 332.56 亿元,比年初增加 101.38 亿元。村镇银行成立以来,以其灵活的信贷管理和经营模式、富有特色的产品创新,较好地支持了当地经济的发展,同时也赢得了社会各界的广泛关注和赞誉。

(六)信托、租赁及财务公司

2012 年年末,全省信托公司资产总额 113.19 亿元,比年初增加 25.28 亿元,比年初增长 28.76％;其中,各项贷款余额 17.75 亿元,比年初增加 9.66 亿元,同比增长 119.41％;负债总额 7.14 亿元,比年初增加 2.31 亿元,比年初增长 47.83％。

中投信托公司注重加强产品研发创新,积极加大对战略性新兴产业、重大项目建设等的金融服务,积极引导信托资金进入实体经济和优秀企业。杭州工商信托坚持战略方向推进业务转型与精细化管理,在系列信托基金、商业地产投资与非房地产领域投资等方面进行有效探索与实践。省工商信托 2012 年 7 月完成重新登记开业,并更名为万向信托,开业以来以构建基金化、规模化、长期化的金融产品系列为发展目标,秉承严控风险合规经营的理念,推进各项业务开展。浙商金汇信托股份有限公司面对激烈变化的市场环境和团队较大幅度调整等情况,积极开展工作,全年受托管理信托资产迅速增长,整体运行良好。

华融金融租赁公司发挥租赁独特优势,支持实体经济发展。积极支持中小企业;大力支持公交、医疗设备、水务、节能减排、文化创意等公用事业和民生工程。内控方面,强化尽职调查和项目管理工作,落实项目责任人管理责任制,确保租金按时收回。

2012 年年末,全省财务公司资产总额 288.22 亿元,比年初增加 61.4 亿元,比年初增长 27.07%;其中,各项贷款余额 171.45 亿元,比年初增加 61.28 亿元,同比增长 55.63%;负债总额 237.24 亿元,比年初增加 54.34 亿元,比年初增长 29.71%,其中,各项存款余额 214.36 亿元,比年初增加 44.75 亿元,同比增长 26.38%。

浙江省能源集团财务有限责任公司积极跟踪了解成员单位资金需求,以优惠的贷款利率为成员单位提供融资服务,通过自营贷款、集团委贷和票据贴现等方式帮助成员单位解决资金难题,为成员单位的重大项目建设和生产经营活动提供资金支持。

万向财务公司 2012 年正式开展了电票业务,为集团成员单位提供了新的融资服务。重视信用风险管理,积极关注授信客户生产经营及盈利情况,对经营形势发生变化的单位,及时采取措施,有效防范信用风险。

(七)其他机构

1.资产管理公司。长城资产管理公司杭州办事处"以资产经营管理为核心,以重点服务中小企业为特色,以多种综合金融服务为手段的现代金融服务企业"发展定位,结合浙江区域特点,不断进行探索和实践,各项业务取得较快发展。

信达资产管理公司浙江分公司以不良资产经营为核心,以资产管理和金融服务为重点,推动分公司迈上科学发展的新台阶。2012 年,积极参与银行不良资产竞标,同时,加强内控,认真做好处置项目估值或评估、审核等工作,严格防范风险。

东方资产管理公司杭州办事处基于业务品种不断丰富,业务风险也不断增加的实际,坚持合规经营,加强风险管理。制订《杭州办事处投融资项目风险控制办法(试行)》,从制度上对商业化项目前期调查、方案审查和监督检查各方面进行了规范,明确了各部门的岗位职责和风险管理原则,提高了商业化项目工作质量;加强项目审查,确保处置合法合规及投资效益优化;健全和完善中介机构管理工作。

华融资产管理公司浙江分公司积极履行资产管理公司的社会责任,切实帮助地方化解风险,浙江分公司专题向公司总部汇报,申请政策及资源支持。同时,提升应变市场能力,通过开展增信业务、与平台公司合作等方式,创新产品、调整结构,丰富业务稳健有序发展的源泉。

2. 邮政储蓄银行。2012年,邮储银行浙江省分行围绕地方经济社会发展的大局,牢牢把握服务"三农"、服务中小企业的市场定位,审慎经营、规范管理,全行各方面工作取得了长足进步。积极创新贷款支农形式,试点开办了农业机械购置补贴贷款、"公司+农户"模式等小额贷款新业务,拓宽助农取款服务点功能。在各项业务稳健发展的同时,强化风险管理委员会决策监督作用,不断提升风险管控体系运行效能;扎实推进"1+1"示范行建设工作,不断完善操作和市场风险管理,持续推进合规管理基础工作,风险管理基础进一步巩固。

3. 外资银行。随着外资银行数量的增加和业务范围的拓宽,辖内外资银行逐步融入浙江经济,不仅为跨国公司、外资企业,也为本地民营企业、中小企业提供多样化的金融服务。2012年年末,全省外资银行本外币资产总额308.2亿元,同比负增长10.9%,其中,各项贷款余额232.32亿元,比年初增加55.46亿元,同比增长28.87%;负债总额280.65亿元,同比负增长10.79%,其中,各项存款为197.12亿元,比年初增加9.8亿元,同比增长5.23%。

截至2012年年末,在杭外资银行分行共有10家,比年初增加1家;支行级机构数目达到14家,比年初增加4家。在杭外资银行本外币资产总额255.36亿元,同比负增长12.07%,其中,各项贷款余额193.95亿元,比年初增加45.15亿元;负债总额235.99亿元,同比负增长13.84%,其中,各项存款为167.02亿元,比年初增加4.92亿元。

（本报告由浙江省银监局提供）

第四章 2012 年度浙江省资本市场发展报告

2012 年,受欧债危机和国内需求不足的共同影响,我国经济下行压力加大,经济增长率自 2002 年以来首次"破八",企业效益下滑,就业压力增大。作为宏观经济的晴雨表,2012 年资本市场总体呈震荡下行态势,全年境内股市融资 4888 亿元,同比减少 3055 亿元。其中,154 家 IPO 公司首发融资 1034 亿元,同比减少 1791 亿元。股票总成交金额 31.47 万亿元,同比减少 25.37%;投资者有效账户数 14045.91 万户,比上年底减少了 4.46 万户。但从第四季度起,我国宏观经济及行业景气度逐渐走出低谷,经济形势整体回暖,国内经济在向好的方向转,国际环境总体走向趋于平稳。

面对复杂的经济形势,在市场各方的共同努力下,浙江资本市场保持了稳定健康发展的良好势头,市场规模保持全国领先,多层次市场体系建设取得新进展,创新发展取得新突破,规范化程度不断提高,市场主体保持了良好的业务发展能力。

一、2012 年度浙江省资本市场发展概况

(一)多层次市场体系建设取得新进展

2012 年,浙江场内场外市场协同发展,多层次资本市场建设取得了积极进展,众多优质企业 IPO 上市,区域性场外市场和债券市场建设取得重大进展。

1. 众多优质企业 IPO 上市。2012 年,浙江新增 20 家境内上市公司,其中,19 家企业在 A 股市场 IPO 上市,占全国新增 IPO 公司总数的 12.34%;首发募集资金 142.24 亿元,占全国总额的 13.76%。截至年底,全省有境内上市公司 246 家,累计募集资金 2786.23 亿元。

2.场外市场建设顺利起步。在交易所市场稳步发展的同时,浙江场外交易市场发展也取得了新进展。2012年10月18日,在清理整顿交易场所的基础上,浙江股权交易中心正式挂牌成立,成为清理整顿交易场所后成立的全国第一家有券商参与的区域性非上市公司股权交易市场,多层次资本市场建设迈上新台阶。截至年底,浙江股权交易中心挂牌企业68家,总股本54亿股,总市值182亿元;托管企业167家,托管股本168亿股;投资者约6000户,各类会员110家,开局良好。此外,杭州、宁波等高新科技园区也正积极准备加入"新三板"试点扩容。

3.债券市场取得大发展。2012年,浙江省有12家上市公司进行了增发,募集资金98.13亿元,同比分别减少47.83%和50.67%。与股票再融资下滑形成鲜明对比的是,浙江的债券市场取得了大发展,发债企业家数及募集资金额同比均大幅增长。15家上市公司发行了公司债,募集资金97.8亿元,分别同比增长114.29%和57.74%;17家中小企业在沪深交易所发行了中小企业私募债,募集资金19.8亿元。此外,还有近百家企业发行了179支包括短期融资券、中期票据、企业债等在内的各类债券,募集资金1314.14亿元。

(二)市场规模继续保持全国领先

浙江是资本市场大省,无论是上市公司、证券期货经营机构数量还是证券期货市场代理交易额都长期保持全国领先地位。

1."浙江板块"上市公司不断扩容。截至2012年年底,浙江有境内上市公司246家,位居全国第二,占全国境内上市公司总数的9.86%。其中,中小板上市公司119家,占全国中小板上市公司总数的16.98%,位居全国第二;创业板上市公司36家,占全国创业板上市公司总数的10.14%,位居全国第四。此外,浙江尚有境内拟上市企业225家,其中,辅导期企业113家,已报会待审核企业106家,已过会待发行企业6家,后备资源丰富。

2.证券市场规模保持全国领先。2012年,浙江新增12家证券营业部,5家证券公司分公司。截至年底,浙江有3家证券公司,15家证券公司分公司,385家证券营业部,1家基金公司,4家基金分公司。2012年,全省证券经营机构累计代理A股、基金交易额6.26万亿元,全国占比12.44%,排名全国第三。截至年底,浙江证券经营机构托管市值6580.46亿元,客户保证金余额422.25亿元。

3.继续保持期货大省地位。2012 年,浙江新增期货营业部 6 家。截至年底,浙江共有 11 家期货公司,131 家期货营业部。2012 年,浙江期货经营机构代理交易金额 39.22 万亿元,占全国交易总额的 11.47%,位居全国第三;客户保证金余额 214.31 亿元,占全国总额的 12.08%;期货经营机构累计实现手续费收入 20.02 亿元,净利润 5.79 亿元,同比分别增长 9.04% 和 20.63%,分别占全国总额的 16.25% 和 16.19%,继续保持了期货大省的地位。

4.投资者队伍日益壮大。截至 2012 年年底,浙江有证券投资者 674.27 万户,期货投资者 24.66 万户,分别同比增长 5.57% 和 19.3%。近 700 万的资本市场投资者中,99.5% 左右的是个人投资者,占浙江省常住人口的 13% 左右,越来越多的居民参与分享资本市场的发展成就。

(三)资本市场创新发展取得新突破

2012 年是资本市场创新发展年,中国证监会推出了一系列改革创新的政策措施,浙江各证券期货机构也积极投身行业创新发展的大潮,结合公司自身特点,有序推进各项创新。

1.创新意识不断增强。浙江各证券期货机构增强了创新发展的紧迫感和责任感,纷纷成立了创新工作组,结合自身实际,明确了各自创新发展的思路和举措,在产品业务、组织管理等各方面主动开展创新,积极引进人才,优化组织架构,改革激励机制,加强业务协同。

2.创新业务取得积极进展。浙商证券、财通证券首批取得中小企业私募债承销资格;3 家证券公司先后开展了融资融券、报价回购、约定购回、现金管理产品、转融通等创新业务;稳妥推出了柜台互通、远程集中复核等业务;进行了资产管理产品创新,管理资产规模大幅增长;积极参与了温州金融改革、区域性股权交易市场建设等省内重大金融改革。8 家期货公司获得投资咨询业务资格,其中 5 家已经开始实现收入;3 家公司获得资产管理业务资格,其中 2 家已成功发行产品;3 家公司获准设立风险管理子公司;1 家公司获准参与境外期货代理试点筹备。

3.管理创新有序推进。在积极开展创新业务的同时,各证券期货机构有序推进管理创新。推进组织架构优化,提高了不同业务之间的协同发展能力;进行员工薪酬制度、绩效考核体系改革,增强了员工尤其是高端人才对企业的认同感,努力实现人力资源效益的最大化。

(四)资本市场规范程度不断提高

2012年,浙江证监局在证券期货行业中开展了"诚信建设年"活动,在上市公司中开展了信息披露、公司治理、并购重组、现金分红和投资者关系管理等一系列专项工作,证券期货行业的合规风控能力和诚信经营水平不断提升,上市公司规范运作基础进一步夯实。同时,对内幕交易、非法证券等违法违规活动的快速、严厉打击,有效维护了市场的良好秩序。

1. 上市公司治理水平不断提升。2012年,浙江证监局先后组织开展上市公司财务基础规范性整治、内控规范实施、独立性整治、上市公司承诺履行核查等专项活动,同时,推行大所监管模式,加强对主要会计师事务所的检查和指导,督促中介机构归位尽责,充分发挥中介机构在规范上市公司运作中的作用,上市公司治理水平得到进一步提高。

2. 证券期货行业合规诚信基础日益扎实。浙江各证券期货经营机构始终坚持规范经营,强化内部控制,加强诚信建设,合规管理水平不断提升。2012年,在机构分类评级中,3家证券公司均取得BBB以上的分类评级,其中1家公司取得AA的分类评级,无一家公司被监管处罚。4家期货公司获得A类评级,其中永安期货获得最高的AA级,另有B类公司5家、C类公司2家,分类评级结果优于全国平均水平。

3. 违法违规行为得到高效查处。2012年,浙江证监局以打击和防控内幕交易为重点,圆满高效地完成各项案件调查任务,协同公安、广电等部门开展打击非法证券期货活动,积极稳妥地做好信访接待处理工作,认真开展反洗钱及非法集资排查工作,各类违法违规行为得到快速、有效的查处,有力维护了浙江资本市场的良好秩序。

(五)市场主体质量不断提升

1. 上市公司质量稳步提高,投资者回报意识增强。在数量增加的同时,浙江上市公司的营利能力、治理水平以及自我规范能力都不断得到提高,保持了较高的发展质量。2012 年,浙江 246 家上市公司实现营业总收入 6780.9 亿元,净利润 481.45 亿元。其中,物产中大等 13 家公司营业总收入超百亿,宁波银行等 7 家公司净利润超过 10 亿元。20 家公司出现亏损,亏损面为 8.13%,低于全国 9.55% 的水平。同时,浙江上市公司回报投资者意识逐渐增强,机制不断完善。从 2012 年年报披露情况看,246 家上市公司中拟进行现金分红的公司有 152 家,拟现金分红的金额 131.65 亿元,占上市公司 2012 年度实现净利润的 27.34%。其中,28 家公司已实施现金分红,分红总额 22.01 亿元。部分上市公司累计分红已超过募集资金数额。

2. 证券公司业务结构不断优化。2012 年,3 家证券公司在持续加强风险控制、强化合规经营的基础上,各项业务发展取得新的成效,初步形成多元化业务格局。3 家公司实现 A 股、基金交易额合计 2.66 万亿元,全国占比 5.31%,同比上升 0.54 个百分点,市场占比连续两年提升。同时,非经纪业务收入占比约 40%,与上年底相比提高了 9 个百分点,营收结构更为均衡合理,可持续发展能力增强。

3. 期货公司综合实力较强,营利能力突出。2012 年,南华期货、中大期货、国海良时期货等多家公司进行了增资扩股,不断壮大资本实力,为拓展业务领域、争取创新发展创造条件。截至 2012 年年底,11 家公司注册资本 34.4 亿元,同比增长 21.13%;净资产 55.71 亿元,同比增长 28.28%,其中,永安期货、南华期货公司净资产都超过 10 亿元;净资本 51.47 亿元,同比增长 31.23%,其中,永安期货等 5 家公司的净资本超过 5 亿元。2012 年,浙江 11 家期货公司共实现手续费收入 17.49 亿元,同比增长 3.61%,占全行业的 14.2%;净利润 5.26 亿元,同比增长 20.09%,占全行业的 14.63%。公司平均利润为 4781 万元,有 2 家公司净利润突破 1 亿元,营利能力稳居全国第一。

二、浙江资本市场发展需关注的几个问题

1. 市场主体面临转型升级压力。资本市场正处于创新驱动的快速发展期,对内对外开放程度不断提高,新产品、新业务密集推出,市场形势发生巨大变化。面对市场形势的发展变化,我省资本市场各主体转型升级压力加大。

　　从上市公司来看,我省约3/4的上市公司为制造业,其中相当部分企业为传统制造业,产业层次较低,缺乏金融、能源和大型科技类企业等重量级上市公司。绝大部分上市公司拥有出口业务,具有以制造业为主、出口导向型产业的明显特征。这种产业模式外受世界经济复苏缓慢、需求增长乏力影响,回升动力不足,内受近年来国内劳动力、土地、能源等生产要素价格上升、环境保护等制约,原先拥有的竞争优势正在逐步消失,亟需转型升级。

　　从证券期货经营机构看,随着创新成为证券期货行业发展的主流,证券期货经营机构依靠牌照垄断、依靠拥有的通道获取通道收益维持运营的时代将逐渐过去。省内各证券期货经营机构虽然都已开展了不同程度的创新发展,但由于在知识、信息、人才、技术、资金等诸多方面缺乏优势,更多的是复制、分享行业创新成果,原创性的创新不多,特色化、差异化发展进度缓慢。

　　2.资本实力不足制约转型升级发展。浙江资本市场"大市场、小机构"的特点明显,上市公司、证券期货经营机构数量及证券期货市场规模虽在全国保持领先地位,但上市公司规模偏小,证券期货公司的资本实力偏弱,成为制约公司转型升级发展的一个因素。

　　从上市公司来看,我省上市公司净资产、市值、证券化率等指标不仅低于全国平均水平,也低于广东、江苏、山东等经济发展水平与我省基本相当的省份。根据2012年年报数据,我省上市公司平均净资产21.48亿元、平均市值44.67亿元,仅为全国平均水平的31.55%和47.98%;我省净资产额100亿以上的上市公司仅5家,而广东、山东、江苏分别为29家、10家和6家;资产证券化率为28.38%,低于全国44.33%的水平,也低于广东、上海、北京等省市。

　　从证券期货公司来看,2012年,3家证券公司净资本合计89.46亿元,全国占比仅为1.29%,单个公司净资本最多的也不到37亿元,仅为行业平均数的60%。期货公司的平均净资本仅4.68亿元,其中5家公司的净资本低于3亿元,达不到申请创新业务资格的要求;部分公司的净资本补充渠道不畅通,对公司后续发展造成制约,难以适应证券期货市场快速发展的需要。

　　3.人才短板制约市场的长期发展。证券期货行业具有人才密集型和智力密集型的显著特点,人才尤其是高端人才在推动公司发展方面具有基础性、战略性和决定性作用,在一定程度上决定了公司的竞争力,尤其是在创新发展时期。经过多年的积累和发展,浙江证券期货行业人力资源总量不断增长,素质结构有所优化,专业化水平有所提升,但整体发展水平与上海、深圳、北京等地方相比还有较大差距,证券公司缺乏行业领军人才和业务核心骨干,期货公司缺乏真正精通金融衍生品工具、具有国际视野的高端人才,人才短板将制约浙江资本市场的长期发展。

4.创新发展考验风险管理水平。创新发展在扩大行业发展空间的同时,也增加了行业的整体风险。业务范围和业务规模的扩张、信用交易、新业务新产品和金融衍生品的大量推出、市场联动性的增强必然导致证券期货经营机构面临的风险复杂程度和风险量级成倍增加,风险的识别和管理日趋复杂,这对证券期货公司的合规管理水平和风险控制能力提出了更高的要求。行业和公司必须正确处理创新发展和风险管理之间的关系,风险管理理念必须随着创新的发展而进步,把所有创新活动纳入合规管理之下,借鉴先进风险管理的制度、技术,形成符合实际的、切实可行、有特色的风险管理体系,从防范风险为主回归到主动经营管理风险,从单一风险控制演进到风险总量管理。

三、未来浙江资本市场发展趋势

未来几年,浙江资本市场处于创新发展的重要时期,面临上述种种挑战的同时,也面临着多重的机遇。一是世界经济缓慢复苏,我国经济继续保持企稳回升态势,浙江经济发展向好因素增多,促进有效投资和发展实体经济的一揽子政策效应逐步显现,民间投资信心有所恢复,经济回升动力进一步积聚,为资本市场的持续稳定健康发展奠定了良好基础。二是国家关于"加快发展多层次资本市场"的政策和"完善金融监管、推进金融创新,提高银行、证券、保险等行业竞争力,维护金融稳定"的工作部署,为资本市场的发展指明了方向,资本市场发展空间广阔。三是中国证监会启动的一系列推进改革创新的政策措施将在2013年进入推进落实阶段,将为资本市场的发展创造更多的机会,提供更好的条件。四是地方政府、企业和投资者对资本市场的认知程度不断提高,利用资本市场,提高直接融资比重,服务实体经济发展的积极性增强。五是经过多年的发展和积累,证券期货机构在资本实力、业务发展能力、风险管理水平、人才储备、技术支持等方面均具备了一定的基础。

1. 场外市场、私募市场快速发展。长期以来,我国资本市场的发展是以交易所市场、公募市场的发展为主,2012年我国多层次场外市场建设初显成效,全国中小企业股份转让系统、区域性场外市场、券商柜台交易市场逐步建立,可以预见,未来几年,场外市场、私募市场将进入加速发展时期。作为中小企业和民间资金之间的重要桥梁,场外、私募市场在浙江有坚实的发展基础。浙江有340万家左右的经济活动单位,90多万家企业,其中99%以上的是中小企业,它们有强烈的资金需求,但难以获得传统金融体系的支持;浙江有超过1万亿的民间资金,它们有强烈的理财需求,但缺少有效的、个性化的理财渠道。随着浙江股权中心的建立和发展、证券期货行业管制的不断放松、"大资管时代"的逐步开启,服务中小企业和民间资金的机构、市场、业务不断丰富,场外、私募市场将迎来大发展。

2. 证券期货公司日益分化。随着创新的不断推进,传统业务如经纪业务等对证券期货公司的贡献率将逐步下降且竞争不断加剧,资产管理、固定收益等考验公司自主创新能力的业务将决定公司的竞争力。同时,随着资本市场对业外开放程度的不断提高,证券与银行、保险、信托等领域的业务交叉越来越明显,"大资管时代"逐步开启,证券期货公司来自业内业外的竞争日益加剧。浙江的证券公司均为区域性中小券商,多数经营指标排名均在同行40位左右;期货公司虽然实力较强,但主要集中在商品期货领域,金融期货与商品期货发展不平衡的问题突出。随着创新发展的不断推进,浙江各证券期货公司之间以及与国内其他证券期货公司的竞争力差异将进一步显现,形成"强者更强、弱者更弱"的格局。

3. 市场潜在风险加大。风险是金融市场的本质属性,风险的产生和管理是资本市场发展和演进的重要推动力量。过去,资本市场受到较为严格的管制,为数不多的创新也基本是证监会主导,行业自主创新较少,这在控制风险的同时也在一定程度上扼杀了行业活力。随着"放松管制、加强监管"的不断深化,资本市场创新尤其是行业的自主创新将不断涌现,必然会在加大行业风险的同时带来市场主要风险点的变化,除传统的市场风险外,证券期货公司更多的是要面对流动性风险、信用风险、技术风险等。

（本报告由浙江省证监局提供）

第五章　2012年度浙江省保险业发展报告

2012年,面对异常复杂严峻的外部环境,浙江省保险业在保监会和省委、省政府的正确领导下,以科学发展观为统领,紧紧扣住"一切为了消费者"的工作主题,坚持"抓服务、严监管、防风险、促发展"工作主线,解放思想,攻坚克难,各项工作都迈上了一个新的台阶。

一、2012年度浙江省保险市场发展概况

(一)机构人员

2012年,浙江省新增保险市场主体4家,其中财产险公司1家,人身险公司3家。截至2012年年底,全省共有保险市场主体74家(财产险33家,人身险41家),各类保险机构达到3669家,其中总公司3家,分公司112家,中心支公司337家,支公司1043家,营业部298家,营销服务部1876家;共有保险专业中介机构137家,其中代理公司86家,经纪公司34家,公估公司17家;保险兼业代理机构9838家;从业人员18.7万人,其中营销员13.5万人。

截至2012年年底,辖区[①]共有各类保险机构3078家,其中总公司3家,省级分公司73家,中心支公司327家,支公司829家,营业部247家,营销服务部1599家;共有保险专业中介机构111家,其中代理公司72家,经纪公司27家,公估公司12家;保险兼业代理机构6825家;从业人员16.3万人,其中营销员12万人。

---

① 辖区指浙江省不含宁波区域。

（二）保费收入

2012 年,浙江省保险业共实现原保险保费收入 984.6 亿元,排名全国第 4 位,同比增长 12.0%。其中,财产险公司保费收入 457.1 亿元,同比增长 14.8%;人身险公司保费收入 527.5 亿元,同比增长 9.7%。

2012 年,辖区保险业实现原保险保费收入 819.8 亿元(见表 5-1),全国排名第 7 位,比 2011 年同期上升 2 位,同比增长 12.2%。其中,财产险公司保费收入 367.8 亿元,排名全国第 3 位,与上年持平,同比增长 15.5%。人身险公司保费收入 452.0 亿元,排名全国第 9 位,与上年持平,同比增长 9.7%。

表 5-1　全国保费收入前十名省市排名情况表(1—12 月)　　　单位:万元

地区	总保费		财产险保费		人身险保费	
	本年累计	排名	本年累计	排名	本年累计	排名
全国	154868955.15	—	55298256.65	—	99569200.64	—
江苏	13014144.84	1	4577424.73	1	8436720.10	2
广东	12910076.93	2	4346637.06	2	8563439.87	1
山东	9676190.01	3	3258532.39	4	6417657.62	4
北京	9221520.91	4	2751607.97	6	6469912.94	3
河南	8409454.18	5	1996684.46	9	6412769.72	5
上海	8205481.13	6	2717128.05	7	5488353.08	6
浙江	8198103.83	7	3677904.03	3	4520199.80	9
四川	8190702.16	8	2852443.37	5	5338258.79	7
河北	7661042.47	9	2643130.58	8	5017911.89	8
湖北	5333381.86	10	1423662.27	14	3909719.59	10

注:广东、浙江、山东统计数据中不包括深圳、宁波、青岛统计数据。

（三）保险金额

2012 年,浙江省保险业承担保险金额 31.4 万亿元,较上年同期增长 29.6%,高于保费收入增速 17.6 个百分点。其中,财产险公司保险金额 24.1 亿元,同比增长 32.4%;人身险公司期末有效保险金额 7.3 亿元,同比增长 20.8%。

2012 年,辖区保险业承担保险金额 25.2 万亿元,较上年同期增长 32.5%,高于保费收入增速 20.3 个百分点。其中,财产险公司保险金额 18.4 万亿元,同比增长 36.3%;人身险公司期末有效保险金额 6.8 万亿元,同比增长 23.1%。

（四）赔付支出

截至 2012 年年底，浙江省保险业赔付支出 342.7 亿元，同比增长 33.7％。其中，财产险公司赔付支出 254.9 亿元，同比增长 33.5％；人身险公司赔付支出 87.8 亿元，同比增长 34.4％。

截至 2012 年年底，辖区保险业赔付支出 278.4 亿元，同比增长 33.8％，增幅高于全国 13.8 个百分点。其中，财产险公司赔款支出 202.1 亿元，同比增长 32.4％，增幅高于全国平均水平 3.6 个百分点。人身险公司赔付支出 76.3 亿元，同比增长 37.8％，增幅高于全国 29.5 个百分点。

（五）区域保险市场

截至 2012 年年底，杭州、宁波、温州三市原保险保费收入居浙江省前三位，合计保费收入 531.5 亿元（见表 5-2），占浙江省总保费收入的 53.9％。增速最快的是金华市，同比增长 15.3％；增速最慢的是舟山市，同比增长 5.4％。

表 5-2　浙江辖区各地区原保险保费收入情况表（1—12 月）　　单位：亿元

地区	原保险保费收入	同比增长（％）	占比（％）
杭州市	248.3	17.4	25.2
宁波市	164.7	10.8	16.7
温州市	118.5	6.8	12.0
金华市	103.8	15.3	10.5
台州市	84.1	9.1	8.5
绍兴市	74.3	14.3	7.5
嘉兴市	72.9	7.9	7.4
湖州市	46.6	6.1	4.7
丽水市	25.9	13.8	2.6
衢州市	25.9	9.8	2.6
舟山市	19.7	5.4	2.0
合计	984.7	12.2	100.0

（六）保险中介市场

2012 年，辖区通过保险中介渠道实现保费收入 595.6 亿元（见表 5-3），同比增长 8.2％，占辖区总保费收入的 72.6％。

表 5-3　2012 年浙江辖区中介渠道保费收入情况表　　　　　　单位：亿元

渠道	财产险		人身险		合计		同比增长（%）
	保费收入	占辖区财产险保费比重（%）	保费收入	占辖区人身险保费比重（%）	保费收入	占辖区总保费比重（%）	
专业中介	24.2	6.8	2.5	0.5	26.7	3.3	4.4
兼业代理	81.5	22.8	122.7	26.6	204.2	24.9	-6.2
营销员	72.9	20.4	291.7	63.2	364.6	44.5	18.79
合　计	178.7	49.9	416.9	90.3	595.6	72.6	8.2

二、辖区财产险公司运行主要特点

（一）发展较快，增速呈周期性下行调整态势

辖区财产险公司实现保费收入 367.8 亿元，同比增长 15.5%，增速高于全国 0.03 个百分点，增幅下降 4.1 个百分点。其中车险保费收入 290.5 亿元，同比增长 15.0%，增幅下降 3.4 个百分点；非车险保费收入 77.3 亿元，同比增长 17.7%，增幅下降 6.7 个百分点。（见图 5-1）

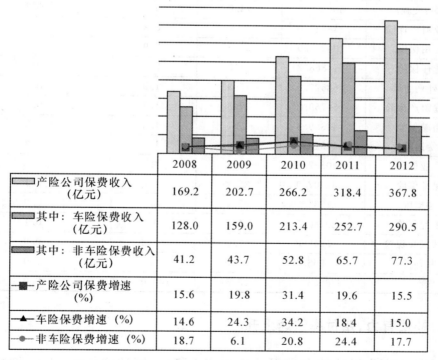

	2008	2009	2010	2011	2012
产险公司保费收入（亿元）	169.2	202.7	266.2	318.4	367.8
其中：车险保费收入（亿元）	128.0	159.0	213.4	252.7	290.5
其中：非车险保费收入（亿元）	41.2	43.7	52.8	65.7	77.3
产险公司保费增速（%）	15.6	19.8	31.4	19.6	15.5
车险保费增速（%）	14.6	24.3	34.2	18.4	15.0
非车险保费增速（%）	18.7	6.1	20.8	24.4	17.7

图 5-1　2008—2012 年辖区财产险公司保费收入趋势图

车险业务仍居主导地位。车险保费收入 290.5 亿元,比上年增加 37.8 亿元,对产险公司保费增长的贡献率为 76.5%;车险保费占财产险公司保费收入比重为 79.0%,比去年同期下降了 0.4 个百分点。车险保费较快增长动力主要来源于承保数量增加和车均保险金额的提高。2012 年承保机动车 1076.1 万辆,同比增长 12.2%;车均保险金额为 44.5 万元,同比增长 10.4%。但值得注意的是,2012 年车险平均费率为 0.61%,同比下降 0.5 个百分点。

非车险业务发展较快。非车险业务保费收入 77.3 亿元,比上年增收 11.6 亿元,同比增长 17.7%。除工程险、船舶险、特殊风险、货运险等受宏观经济调整、进出口增速下行影响有所下降外,保证保险、信用保险、责任保险等重点业务领域均保持了较快增长,同比分别增长 32.8%、20.8%和 18.5%,家财险和农业险增速更是高达 97.8%和 74.8%。

表 5-4　2012 年浙江辖区财产险公司主要险种保费收入情况表

险　　种	保费收入 (万元)	同比增长(%)	占比情况(%)	占比变化(百分点)
机动车辆保险	2905202.7	15.0	79.0	-0.4
其中:交强险	609378.1	14.0	16.6	-0.2
企业财产保险	248827.0	10.6	6.8	-0.3
信用保险	105291.9	20.8	2.9	0.1
责任保险	74868.3	18.5	2.0	0.1
意外伤害险	68527.6	17.3	1.9	0.0
家庭财产保险	56759.2	97.8	1.5	0.6
船舶保险	44399.6	-9.7	1.2	-0.3
货运险	40915.9	-1.6	1.1	-0.2
农业保险	40827.1	74.8	1.1	0.4
保证保险	37407.9	32.8	1.0	0.1
健康险	27285.5	22.4	0.7	0.0
工程保险	20780.2	-6.8	0.6	-0.1
特殊风险保险	5945.8	-7.0	0.2	0.0
其他险	996.4	0.7	0.0	0.0
合计	3678035.1	15.5	100.0	0.0

(二)补偿有力,赔付率快速上升

辖区财产险公司赔款支出累计达 202.1 亿元,同比增长 32.4%,增幅高于全国平均水平 3.6 个百分点。其中车险赔款支出 166.5 亿元,同比增长 30.8%,增幅同比上升 0.4 个百分点;非车险赔款支出 35.6 亿元,同比增长 40.2%,增幅同比上升 23.1 个百分点。(见图 5-2)

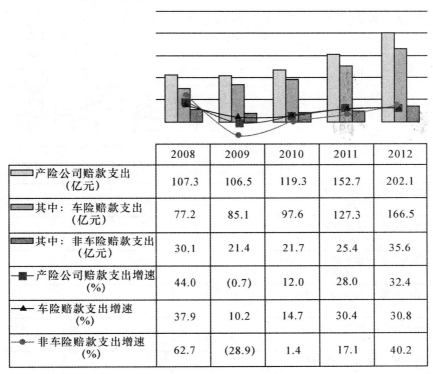

	2008	2009	2010	2011	2012
产险公司赔款支出（亿元）	107.3	106.5	119.3	152.7	202.1
其中：车险赔款支出（亿元）	77.2	85.1	97.6	127.3	166.5
其中：非车险赔款支出（亿元）	30.1	21.4	21.7	25.4	35.6
产险公司赔款支出增速（%）	44.0	(0.7)	12.0	28.0	32.4
车险赔款支出增速（%）	37.9	10.2	14.7	30.4	30.8
非车险赔款支出增速（%）	62.7	(28.9)	1.4	17.1	40.2

图 5-2 2008—2012 年辖区财产险公司赔款趋势图

赔付效率有所提高。一是已决赔款增长较快。截至 2012 年年底,财产险公司已决赔付 428 万件,比上年同期增加 81.6 万件,已决赔款 194.8 亿元,同比增长 30.5%;未决赔付 66.1 万件,比上年同期增加 4 万件,未决赔款 94.7 亿元,同比增长 10.6%。二是结案率上升。截至 2012 年年底,结案率(件数)86.6%,同比提高 1.8 个百分点;结案率(金额)67.3%,同比提高 3.9 个百分点。

综合赔付率显著上升。综合赔付率 63.4%,同比上升 2.9 个百分点,比全国平均水平高 2.1 个百分点;其中车险综合赔付率 65.0%,同比上升 2 个百分点;保证保险综合赔付率 93.3%,同比上升 72.6 个百分点。

（三）效益良好，利润空间收窄

财产险公司全年实现利润总额 22.1 亿元，同比减少 5.8 亿元，居全国第 3 位。其中实现承保利润 20.7 亿元，同比减少 5.7 亿元。（见图 5-3）

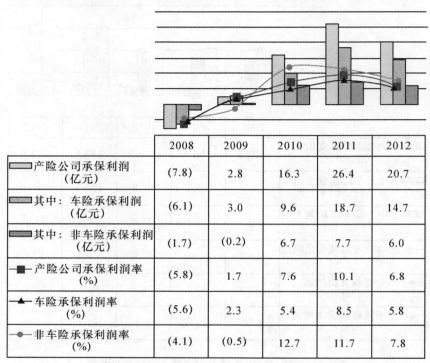

	2008	2009	2010	2011	2012
▢ 产险公司承保利润（亿元）	(7.8)	2.8	16.3	26.4	20.7
▨ 其中：车险承保利润（亿元）	(6.1)	3.0	9.6	18.7	14.7
▨ 其中：非车险承保利润（亿元）	(1.7)	(0.2)	6.7	7.7	6.0
■ 产险公司承保利润率（%）	(5.8)	1.7	7.6	10.1	6.8
▲ 车险承保利润率（%）	(5.6)	2.3	5.4	8.5	5.8
● 非车险承保利润率（%）	(4.1)	(0.5)	12.7	11.7	7.8

图 5-3　2008—2012 年辖区财产险公司利润和利润率趋势图

非车险承保利润率好于车险。车险业务实现承保利润 14.7 亿元，全国排名第 2 位，同比减少 4.0 亿元，承保利润率为 5.8％；其中商业车险业务承保利润 33.0 亿元，全国排名第 1 位，同比减少 5.7 亿元；非车险业务实现承保利润 6.0 亿元，同比减少 1.7 亿元，承保利润率 7.8％，高于车险 2 个百分点。

盈利公司数量减少，34 家财产险公司中有 18 家实现盈利，比上年减少 4 家，盈利面为 54.5％。

综合赔付率和综合费用率齐升，综合成本率、综合赔付率和综合费用率分别为 93.2％、63.4％和 29.8％，较上年分别上升 3.3、2.9 和 0.4 个百分点。

三、辖区人身险公司运行主要特点

(一)发展态势良好,增速高于全国

2012 年,人身险公司保费收入 452.1 亿元,同比增长 9.7%,增速高于全国平均水平 5.5 个百分点,在保费收入前十名的省(市)中排名第 2 位。其中,寿险保费收入 401.3 亿元,同比增长 8.0%;健康险保费收入 34.6 亿元,同比增长 31.7%;意外险保费收入 16.3 亿元,同比增长 12.2%。(见图 5-4)

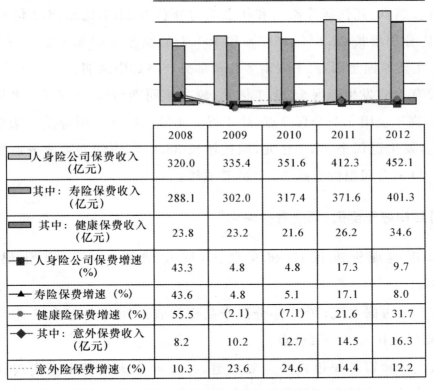

	2008	2009	2010	2011	2012
人身险公司保费收入(亿元)	320.0	335.4	351.6	412.3	452.1
其中:寿险保费收入(亿元)	288.1	302.0	317.4	371.6	401.3
其中:健康保费收入(亿元)	23.8	23.2	21.6	26.2	34.6
人身险公司保费增速(%)	43.3	4.8	4.8	17.3	9.7
寿险保费增速(%)	43.6	4.8	5.1	17.1	8.0
健康险保费增速(%)	55.5	(2.1)	(7.1)	21.6	31.7
其中:意外保费收入(亿元)	8.2	10.2	12.7	14.5	16.3
意外险保费增速(%)	10.3	23.6	24.6	14.4	12.2

图 5-4　2008—2012 年辖区人身险公司保费收入趋势图

普通寿险产品和分红型产品保费收入均呈增长态势,分红产品保费收入 352.4 亿元,同比增长 9.1%,高于全国平均水平 6.6 个百分点;普通寿险保费 46.2 亿元,同比增长 1.1%,低于全国平均水平 0.8 个百分点;投连型和万能型产品保费收入规模明显下降,分别下降 24.8% 和 1.9%。

内涵价值较高的个人代理人业务和直销业务发展良好,个人代理渠道实现保费收入 262.2 亿元,同比增长 14.1%,高于全国平均水平 0.8 个百分点;公司直销渠道实现保费收入 39.4 亿元,同比增长 52.7%,高于全国 15.4 个百分点;银保渠道实现保费收入 138.1 亿元,同比下降 7.1%,高于全国平均水平 2.6 个百分点。

(二)赔付增长较快,退保率高企

2012 年,人身险公司累计赔付支出 76.3 亿元,同比增长 37.8%,高于全国 29.5 个百分点。其中满期给付累计 35.1 亿元,同比增长 16.9%,高于全国 20.3 个百分点。赔款、死伤医疗给付和年金给付分别为 11.1 亿元、8.2 亿元和 21.9 亿元,同比分别增长 22.6%、46.7% 和 104.8%,高于全国 8.3、21.7 和 61.5 个百分点。主要原因是国寿、平安寿等公司部分产品集中到期。

2012 年全省发生退保金 81.1 亿元,较去年同期增长 35.7%。平均退保率达 4.5%,高于全国 1.7 个百分点,处于近 3 年峰值水平。退保主要集中在分红险产品上,发生退保金 75.0 亿元,同比增长 38.0%,占到寿险业务退保金额的 93.6%。20 家公司退保率高于 5% 的警戒线。

(三)结构好于全国,调整有待深化

2012 年实现标准保费 96.9 亿元,同比增长 4.3%。年化保费折标率 38.5%。

分红产品占据主流,2012 年分红产品保费收入 352.4 亿元,占寿险产品的 87.8%,低于全国 0.4 个百分点。

个人代理和银邮渠道仍是主要渠道,2012 年个人代理渠道实现保费收入 262.2 亿元,占人身险公司保费收入的 58%;银邮代理渠道实现保费收入 138.1 亿元,占人身险公司保费收入的 30.6%。公司直销渠道实现保费收入 39.4 亿元,占比达 8.7%。

缴费结构较好,续期保费占比为 53.4%,新单期缴率为 33.0%,新单期缴保费 10 年期及以上占比为 54.7%。

四、浙江保险市场运行中存在的主要问题

(一)以客户为导向的经营理念尚未形成,同质竞争激烈

一是产品结构简单。财产险业务主要靠车险,车险占财产险业务比重为 79.0%;除了爱和谊、中银、华泰和英大 4 家公司外,其余 28 家财产险公司车险占比均超过 75%。人身险业务主要靠同质化理财产品的局面已持续多年,分红险占寿险业务的 87.8%;除招商信诺、瑞泰、联泰大都会、海康和光大永明 5 家公司外,其余 31 家寿险公司分红险占比均超过 80%。

二是服务水平不高。车险服务距离"准确、快速"的基本要求仍有较大距离,多样化、客制化服务体系处于起步阶段,寿险销售误导仍是主要投诉内容。2012 年我局受理的消费者信访件中,26.4%的信访件涉及车险理赔纠纷,其中投诉量居前 3 位的为时效投诉、金额争议、责任争议;22.2%的信访件反映欺诈和销售误导问题。

(二)核心价值体系尚未建立,中小产险公司发展困难

一是发展能力问题。产险公司中,大(市场份额超过 8%,目前包括人保、平安和太保 3 家)、中(市场份额在 3%～8%之间,目前包括中华联合和国寿财险、阳光产险和大地 4 家)、小(市场份额在 3%以下)型公司保费收入增速分别为 16.4%、16.0%和 14.3%,大公司增速是中、小型公司的 1.1 倍。

二是盈利能力问题。产险公司中,大、中、小型公司承保利润为 17.8 亿元、3.4 亿元和－2.2 亿元,承保利润率分别为 8.3%、5.6%和－2.9%,大公司盈利能力为中、小型公司的 8 倍。

(三)行业形象和地位尚待提高,机构基础建设薄弱

根据 2012 年全辖保险公司分支机构营业场所调查工作的结果来看,由于历史问题及部分机构思想认识不到位等因素影响,一些保险机构基层网点建设离规范化的要求存在较大的差距:一是选址不当,部分机构周边存在网吧、KTV、

浴场等经营性娱乐场所,有些甚至设在农贸市场楼里,部分机构营业场所选址偏远,或在居民住宅楼、破旧工厂内。二是职场建设标准偏低,部分机构职场标识不明显,机构名称不规范,没有推行统一的 CI 标识;部分机构面积不达标。三是机构撤并随意,部分机构尚在我局行政许可审核过程中就提前迁址,个别机构甚至未报先迁,部分机构的实际负责人与我局掌握的系统信息不相符合。

(本报告由浙江省保监局提供)

第六章　2012年度浙江省小贷公司发展报告

自 2008 年 10 月浙江省第一家小贷公司开业,小贷公司在浙江的试点至今已经走过了 4 个年头。4 年来,在国家有关部委和浙江省委、省政府的大力支持下,浙江的小贷公司顺应国家宏观调控,完善政策,创新机制,走出了一条具有浙江特色的"规模、质量、效益"全面协调的发展道路,发展质量和效益位居全国前列。

一、2012年度浙江省小贷公司发展概况

经过 4 年的快速发展,特别是 2012 年建立完善了"审核、监管、处置"三位一体管理体制,全省小贷公司总体上,"稳步发展、运行良好、风险可控"的发展态势得到进一步稳固。具体有以下特征:

1.家数稳步增长。只有控量才能保证质量,小贷公司设立数量不在多,关键要"精",质量要高,风险控制力要强。至 2012 年年末,全省已开业小贷公司 277 家(含宁波 36 家),全省 97 个县(市、区)全部设立小贷公司机构,实现了区域全覆盖,已开业小贷公司区域分布见图 6-1。与全国其他地区相比,浙江省已设立并开业的数量一直保持在全国第 8 位,尽管数量不是最多,但发展步伐"稳健",自 2008 年以来,浙江省尚未出现被清退的小贷公司。相比之下,有的省份拥有近 400 家小贷公司,总量位居全国前列,但 2012 年,由于违规经营、空壳不开业等原因,一年就清退了 68 家不合格小贷公司。

2.规模相对较大。与全国其他地区相比,浙江小贷公司的贷款规模一直位居全国第二。截至 2012 年年末,已开业小贷公司的注册资本金总额为 576.02 亿元,可贷资金规模 829.59 亿元,贷款余额为 746.54 亿元。从单个公司贷款看,平均注册资本和贷款余额均位居全国第一,分别为 2.08 亿元/家和 2.82 亿

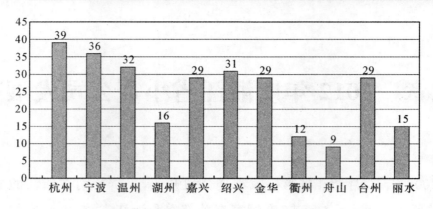

图 6-1　已开业小贷公司区域分布图

元/家。特别值得一提的是,以电子商务网络平台进行借贷的阿里巴巴小贷公司,发展之快,服务面辐射之宽,规模效应遥遥领先于全行业。自 2010 年 6 月阿里巴巴小贷公司成立以来,已累计发放贷款 302.7 亿元、459 万笔,其中小额贷款 302.5 万元,单笔贷款平均为 6590 元。2012 年,该公司共发放贷款 178.67 亿元、233.79 万笔,在全行业占比分别为 7%、91.7%,其中小额贷款 178.42 亿元、233.78 笔,占比分别为 99.86%、99.99%。

　　3. 经营效益良好。受国际金融危机持续蔓延影响,2012 年浙江省企业生产经营普遍困难,资金链尤为紧张,特别是一些企业还受到了来自大银行机构的缩贷、提前收贷等冲击。相比之下,小贷公司坚持"支农、支小、应急",发挥大银行金融服务的补充作用,及时发放应急贷款,挽救了一批资金链濒于断裂的中小企业。2012 年,小贷公司服务客户数量快速增长,实现了服务客户数量翻番。四季度末,贷款余额客户数为 7.28 万户,开业以来服务的客户总量达到 29.28 万户,见图 6-2。由于贷款客户剧增,2012 年全省小贷公司实现营业总收入 117.72 亿元,上缴营业税和所得税 35.44 亿元,同比多增 47.86 亿元和 20.1 亿元,增幅分别为 68.5%和 131%。

　　4. 风险显现但可控。自 2008 年以来,得益于省金融办等相关部门从严管理,严格准入,严格风险防范,至今尚未出现小贷公司老板卷款跑路、逼债等违规违法行为,行业不良贷款率远低于全省金融机构平均水平。2012 年年末,全省小贷公司共提取风险储备金 25.75 亿元,拨备金覆盖率为 236.24%,不良贷款率为 0.95%(不良贷款指标不含宁波)。相比之下,2011 年前 11 个月,全省金融机

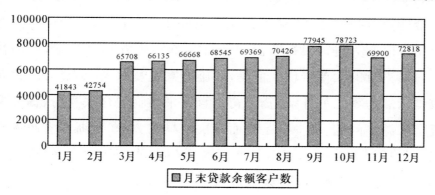

图 6-2　小贷公司贷款服务客户数量走势图

构不良资产率为 1.58%,小贷公司贷款质量明显好于全省平均水准。

二、小贷公司发展过程中需要引起关注的几个问题

1. 高度关注中国人民银行对小贷公司"小贷业务"的风险警示

2012 年,全国贷款业务增长 50% 以上的金融机构中,信托位居第一,小贷公司位居第二。据中国小额信贷机构联席会统计,截至 2012 年 12 月底,全国小贷公司数量已超过 6000 家,全行业贷款余额超过 6000 亿元,同比增长 52%,高出同期人民币贷款增速 37 个百分点。小额贷款业务的快速增长已经引起了中国人民银行监管层的关注。2013 年 1 月 10 日,中国人民银行在年度工作会议上对小贷创新可能存在的潜在风险作出了警示,指出一些省份先后突破经营范围、融资比例等规定存在着潜在风险。从规范行业管理看,有媒体已经将小贷公司业务的快速扩张称为"野蛮生长",必须要高度警觉。对照浙江省小贷公司的发展,贷款风险也是呈现上升态势。全省当年累计发放贷款由 2011 年的 1799.88 亿元递增到 2012 年的 2557.72 亿元,增幅达 42%;而不良贷款则由 2011 年的 19923.38 万元递增到 2012 年的 61819.42 万元,增幅达 210%,不良贷款率由 2011 年的 4.21‰增加到了 2012 年的 9.53‰。

2. 小贷公司转制村镇银行尚未破题,成长中的"烦恼"更趋凸显

就温州金融改革对小贷公司的影响来看,试点一年来,规模是扩张了,2012 年新增了 6 家小贷公司,但实质性变化目前还没有大的突破。为使民间资本更

好地进入金融业,国务院部署温州金融改革的12项任务中有一项是"符合条件的小贷公司可改制为村镇银行",温州金融改革实施方案也规定,要加快小贷公司转制为村镇银行的改革步伐。但是,实施方案批复以来,小贷公司改制为村镇银行的数量依然为零。另外,小贷公司一直以来面临的合法身份、提高融资比例和拓宽资金来源等问题,也一直是悬而未决。早在2009年浙江省政府出台文件将融资比例提高到100%,但该政策并没有得到有关部门的认同,执行一直未能落实,极大地制约了小贷公司的发展壮大。

3. 实体型小贷公司与网络型小贷公司的差距拉大,转型发展压力加大

电子商务是浙江的优势,充分利用网络和电子商务平台扩展小贷公司金融服务对浙江省来说大有潜力可挖,阿里巴巴小贷公司就是这方面的典型代表。借助网络平台,既可以拓展借贷业务、节约借贷成本,又可以扩大金融服务覆盖面,通过网络拓展业务和服务是小贷公司发展的必然趋势。2012年,以网络为借贷平台的阿里巴巴小贷公司共发放了178.67亿元、233.79万笔贷款,仅一家公司的贷款总量已占全省小贷公司的7%,贷款笔数的占比更是达到了91.7%。从执行小贷公司"支农支小"的政策情况看,阿里巴巴小贷公司的小额贷款为178.42亿元,占全部贷款的99.86%,远远超过了全省55.23%的小额贷款占比,也超过了国家规定的小额贷款应达到70%的比例。另外,从利用网络贷款服务的客户数量来看,2012年12月末,阿里巴巴小贷公司的贷款余额客户数达到了16263户,相比之下,全省已开业的276家实体型小贷公司的贷款余额客户总数为56555户,阿里巴巴小贷公司在全行业的占比为22.33%。可见,小贷公司的行业竞争方式已从实体转为网络,实体型小贷公司转型发展的压力将进一步加大。

三、推动浙江省小贷公司加快发展的几点建议

1. 加强小贷公司风险监测和排查,牢牢守住风险防范的底线

贯彻落实中国人民银行年度工作会议精神,各地政府金融办和小贷公司要加强领导,认真履责,把小贷公司风险排查作为当前的一项重要工作来抓,要抓紧、抓实、抓好。2012年,山西省对150家小贷公司进行了为期两个月的现场检

查,根据检查结果,取消了 3 家严重违规小贷公司的经营资格,对 10 家不达标的小贷公司不予备案,并分别向相关市政府致函提示风险。借鉴其做法,建议:浙江省由省金融办牵头,对全省小贷公司开展一次拉网式风险排查、风险动态监测行动,集中整治突破经营范围、非法集资、吸储放贷等违法违规行为。一是抓重点。在监测对象确定上,要将业务活跃、具有一定规模与行业代表性、能充分反映行业风险状况的小贷公司作为重点监测对象。二是抓实地检查。通过开展全省性交叉检查,主要侧重于贷款对象、资金来源、贷款额度、期限、担保方式、不良资产及关联交易等指标。三是抓风险提示与整改。根据检查的风险影响程度,灵活界定风险、提示风险,发布《风险监测报告》,责任整改,做到早发现、早处置、早解决,防止风险积聚。四是建立健全监管及其档案管理。进一步强化小贷公司动态监管,实行监管档案标准化、系统化、电子化管理。

2. 进一步推进创新,推动小贷公司加快分享温州金融改革红利

中央已经明确指出,改革是发展的最大红利,改革就要有创新、有突破。既然中央已经批准温州推进金融改革,那么就必须要在现有的规章制度上有所突破,否则就不能称之为改革。当前,金融改革最为关键的是要突破现有体制,赋予小贷公司作为主发起人改制为村镇银行的权利,推动小贷公司在金融改革上迈出实质性的一步。因为小微企业和"三农"面宽且分散的特点,信贷风险控制更难,大银行的风险偏好和经营方式并不适用于支持大量的小微企业和"三农"。从浙江省应对国际金融危机的实践来看,小贷公司坚持"小额、分散"原则,充分发挥了金融业的补充作用,为小微企业和"三农"提供了更为灵活、更有针对性的信贷服务,特别是在承揽大银行认为风险较大的贷款业务方面,挽救了一批资金链濒临断裂的企业,其作用和地位毋庸置疑。因此,有关监管部门要正视小贷公司在金融业的地位,解放思想,下放权力,创新村镇银行设立机制,提高银行融资比例,为温州金融改革创造良好的环境,为小贷公司的持续健康发展铺就一条改革创新发展道路。

3. 抓住机遇,进一步提升小贷公司发展质量

温州是国家金融综合改革的试验田,其中的很多做法对全省小贷公司均有示范促进作用,抓住这一历史性机遇,学习借鉴温州改革经验,先行先试,推进小贷公司业务创新、贷款方式创新、产品创新等等。从网络微贷创新看,德清等一

批省级金融创新示范县启动了民间资本管理创新试点,德清锐拓科技公司基于3G 网络的微贷服务平台一年就实现了 2 亿元的借贷交易。从小贷股权结构优化看,正泰电器等一批优质上市公司通过收购小贷公司股权,以小贷公司为载体积极切入金融领域,积累在金融领域的管理和投资经验,合理配置企业的资金资源,不仅提高公司投融资渠道,也促进了小贷公司进一步规范管理。下一步,促进小贷公司创新发展,建议:一是省金融办等相关部门要加大对小贷公司股权结构优化、商业模式创新等政策研究,鼓励支持更多的上市公司发起、并购、参股小贷公司,以上市公司的标准规范小贷公司管理。二是研究出台兼并重组政策,推动小贷公司做强做大,打造一批具有浙江特色的小贷公司控股集团公司。三是促进小贷公司转型发展,要充分利用网络优势,发展线上、线下相结合的贷款服务管理模式,节约贷款成本,提高服务效率。

（本报告由浙江省金融办提供）

第七章　2012 年度浙江省股权投资行业发展报告

2012 年是浙江股权投资行业充满机遇与挑战的一年。资本市场改革创新不断深化、多层次资本市场体系建设、金融改革试点不断推进等给股权投资行业带来了诸多新的发展机遇。宏观经济的走缓,募资难、投资难、退出难等问题影响着整个股权投资行业的发展,股权投资企业呈两极分化趋势。通过股权投资机构自身的转型发展,调整发展战略,优化投资结构,浙江股权投资行业总体保持平稳、健康发展,为浙江经济社会发展发挥了积极的作用,在全国继续保持行业领先地位。

一、2012 年度浙江省股权投资行业发展概况

(一)2012 年国内股权投资行业情况

2012 年在宏观经济下行的大背景下,股权投资行业面临着募资难和退出难的挑战。

1. 股权投资通过传统 IPO 的退出渠道受阻。2012 年海内外 IPO 市场对于有融资需求的中国企业而言可谓是"内忧外患":海外市场方面,2012 年仅 2 家中国企业登陆美国资本市场,中概股形势依旧严峻,部分企业不得不转战欧洲市场;国内方面,场内、场外市场改革不断深化,我国多层次资本市场体系构建工作拉开了大幕,然而在国家经济增速下降背景下,二级市场的低迷使得证监会放慢了新股发行审核的节奏,全年仅有 154 家企业实现境内上市,较 2011 年上市数量减少 127 家,目前排队候审企业已达 800 余家。

2. 多层次资本市场建设的积极推进。从 2012 年 9 月 7 日以来,上海张江、

武汉东湖、天津滨海以及北京中关村园区的8家企业在北京集体挂牌登陆"新三板"市场,"新三板"扩容正式拉开帷幕。"新三板"扩容可以有效促进地方产业结构升级、带动当地经济发展,从而辐射周边区域经济增长;另一方面,"新三板"扩容也有利于完善我国多层次资本市场体系,满足中小企业融资需求,也为PE机构手中存量股权投资项目开辟了新的退出渠道。除此之外,北京金融交易所等机构发起"中国PE二级市场发展联盟",并发布PE二级市场交易规则体系,同样致力于为PE机构创造更多的退出机会,提高PE资产流动性。2012年下半年广东、浙江、山东、上海、重庆等地分别成立股权交易中心,这也将为PE机构提供更顺畅的退出通道。在此背景下,建立多层次资本市场,拓展多元化退出渠道,有利于完善国内PE退出体系。

3.公募基金投资范围将从二级市场向股权投资领域延伸。2012年9月26日,证监会发布修订后的《基金管理公司特定客户资产管理业务试点办法》明确指出资产管理计划资产可投资于"未通过证券交易所转让的股权、债券及其他财产权利"。公募基金管理公司可设立直投公司参与PE投资,公募基金入市对PE市场格局及行业监管模式均有深远影响。2012年10月,中国证券业协会向各券商直投子公司下发《证券公司直接投资子公司自律管理办法》(征求意见稿),明确规定券商发行直投基金将由证监会行政审批监管改为在证券业协会备案。

4.未来险资入市步伐有望进一步加快。保监会在2012年陆续发布新政,自2010年险资投资PE政策开闸至今,保险公司参与PE投资仍相对保守;2012年新政放宽保险公司资质门槛、进一步扩大了险资PE投资范围。

中国PE行业正逐渐进入深度调整期,洗牌与整合加速进行,行业生态也呈现出新的面貌——投资价值回归、竞争格局多元化、政策监管趋于明朗。当前正值中国经济转型的关键时期,股权投资的投资方向与资本力量,对中国加快实现产业结构调整具有非常重要的意义。

(二)2012年度浙江省股权投资行业情况

浙江省于2009年在全国率先出台了促进股权投资基金发展的政策意见,目前已形成全省上下合力推动股权投资行业发展的良好氛围。据初步统计,全省共有股权投资机构 700 多家,形成了包括政府性引导基金、成长型企业股权投资基金、创业投资基金等在内的多元化股权投资基金体系,管理基金规模已达到 1000 多亿元。备案创业投资和股权投资机构数量、管理资本量和投资项目数均跻身全国、全省前列。全省近两年新上市公司中,有私募股权投资的比重明显升高,企业接受股权投资后,股东结构明显优化,治理结构开始健全,投资决策科学性明显提高,投资效益和管理效率明显提升。

当前,浙江省委、省政府抓有效投资,抓"大平台、大产业、大企业、大项目"四大建设,以及浙商回归投资不断增加,给 PE 带来良好机遇。浙江是民间资本丰富的大省,股权投资可以动员众多的民间资本参与到经济社会的各项建设,促进国务院政策的落实,发挥对区域经济建设的带动作用。

1. 区域性股权交易市场的建设将积极推动股权投资行业的发展。2012 年 10 月浙江股权交易中心(以下统称"股交中心")正式启动,股交中心的成立结合浙江省经济金融特色,为着力解决"两多两难"、推进温州金融改革、促进经济转型升级而设立,将发挥积极作用。此举标志着浙江区域性股权交易市场将得以规范发展,拓宽了浙江企业直接融资渠道,同时为股权投资、风险投资提供了有效退出通道,更有利于民间资金投向实体经济。

2. 2012 年浙江省有两个非常重要的金融改革试点,一个是温州金融改革试验区,另一个是丽水农村金融改革。"十二五"期间我省明确提出打造"两个中心",即中小企业金融服务中心和民间财富管理中心,浙江要实现从金融大省向金融强省跨越。因此两个金融综合改革试验区的获批,助推了"两个中心"的建设,也能探索解决中小微企业的投融资难问题,陆续引进金融机构入驻,股权投资机构可以紧紧抓住这一难得的良机,借助地方资本市场平台,做好金融服务。

3. 省内股权投资政策环境进一步优化。为鼓励发展各类股权投资基金和投资机构,全省 7 个地市先后出台了相关优惠奖励政策,从机构开办、政府资金支持、税收优惠以及其他诸多方面给予丰厚的优惠条件,多措并举吸引股权投资机构入驻当地。嘉兴市南湖区自 2010 年年底成为浙江省首批七个金融创新示范区试点以来,选准股权投资业为主导产业,以"基金小镇"为突破口和进行核心区开发建设,已引进股权投资管理公司 27 家、股权投资公司 68 家,力争将核心区打造成为国内有一定影响力的"基金小镇"。

4. 在政府和主管部门的重视和扶持下，浙江的本土机构正逐步壮大。根据协会会员投资机构的披露信息，2012 年有 17 家会员投资机构新募集基金 41 支，总募资金额 66.86 亿元，全年新增投资项目数 185 起，总体与 2011 年相比略有下降。浙江天堂硅谷资产管理集团有限公司管理资产规模 107 亿元位列首位，其次是浙江浙商创业投资管理有限公司资产规模 100 亿元。管理基金数量第一的天堂硅谷，旗下有 73 支基金，排名第二的浙江华睿投资管理有限公司有 26 支基金。新增管理基金规模最大的是杭州博客投资管理有限公司，新成立 8 支基金增加了 20 亿元的规模，发展比较迅速。较多投资机构在自身的投资管理方面，注重调整专业化、独立化和法制化，回归理性投资，保持可持续发展的资本投资。

二、2012 年浙江省股权投资协会发展及
会员企业募资投资概况

从 2012 年协会会员单位的表现来看，发展趋势与中国股权投资市场发展脉络基本一致。在各级主管部门和相关部门的关心支持下，全省股权投资行业环境不断完善，投资态势良好。清科集团"2012 年中国创业投资机构"榜单中，有浙江华睿投资管理有限公司、天堂硅谷资产管理集团股份有限公司、赛伯乐（中国）投资和浙江浙商创业投资管理有限公司进入 50 强。福布斯"2012 年中国最佳创业投资机构"中，浙江华睿投资管理有限公司排名第 28 位。

（一）2012 年协会会员机构发展概况

截至 2012 年年底，协会共有会员单位 79 家，其中股权投资机构 54 家，其他金融机构及相关服务机构 25 家。54 家协会会员投资机构管理资产规模分布（见表 7-1），资产管理规模超过 10 亿元的投资机构 16 家，占据总管理资产规模的 84% 以上，其中资产规模超过 100 亿元的有机构 2 家，分别是浙江天堂硅谷资产管理集团有限公司和浙江浙商创业投资管理有限公司。

表 7-1　会员机构管理资产规模分布

管理资产规模 （RMB/亿元）	机构数量	比例 （%）	管理资产规模总量 （RMB/亿元）
资产规模≤1.00	8	15	6.335
1.00＜资产规模≤5.00	19	35	57.91
5.00＜资产规模≤10.00	11	20	99.41
资产规模＞10.00	16	30	732.60
总计	54	100	896.255

根据协会 45 家会员机构披露的投资数据显示：2012 年新增人民币基金 41 支，募资基金金额共计 66.86 亿元。全年新增投资项目数 185 起。管理基金数量比 2011 年度上升，但募集金额比 2011 年度有所下降。2012 年市场 IPO 退出出现困难，会员机构中 IPO 退出 15 笔，所占比重下滑，退出回报水平有所下降，股权转让和并购等其他退出方式则逐渐活跃，占比快速上升。

（二）2012 年协会会员机构募资概况

2012 年股权投资行业遭遇寒冬，募资难度骤增，协会投资机构会员单位有近 30 家机构没有发起设立新基金。2011 年，协会会员单位的投资机构中累计有 30 家机构完成基金募集，共有管理基金 192 支。2012 年共有 17 家机构完成新基金募集 41 支，披露募资总额 66.86 亿元，平均基金募集量是 1.63 亿元（见表 7-2）。其中新增基金数量最多的是浙江天堂硅谷资产管理集团有限公司，新增 11 支基金，其次是杭州博客投资管理有限公司新增 8 支基金。

表 7-2　2012 年度协会会员机构投资管理基金情况

投资机构 数量（家）	新增管理基金 数量（支）	募资总量 （RMB/亿元）	平均新增管理基金资本量 （RMB/亿元）
17	41	66.86	1.63

从新募基金规模分布来看，规模在 1 亿元以下的基金偏多，共募集 23 支，募资总额 17.46 亿元。募资总额上，基金规模在 2 亿元到 5 亿元之间的基金则占据主导，10 支基金募资总额 26.75 亿元，占比达到总金额的 40%（见表 7-3）。基金数量比 2011 年度增加，但是募资金额有所下降。

表 7-3　2012 年度协会会员机构管理基金规模分布

基金规模（RMB/亿元）	新增管理基金数量（支）	比例（%）	募资总量（亿元）	比例（%）
基金规模≤1.00	23	56	17.46	26
1.00＜基金规模≤2.00	7	17	12.65	19
2.00＜基金规模≤5.00	10	25	26.75	40
基金规模＞5.00	1	2	10	15
总计	41	100	66.86	100

（三）2012 年协会会员机构项目投资概况

2012 年度新增投资项目 185 起。新兴产业依旧是股权投资的重点方向，其中现代化农业和文化产业投资趋势凸显。在会员披露的信息中投资金额最大的是中国信达资产管理股份有限公司浙江省分公司有一笔 3 亿元的股权投资项目和 5 笔债券投资项目约 10 亿元。

（四）2012 年协会会员机构退出情况

2012 年退出难，也是股权投资行业面临的一大难题。2011 年浙江地区 IPO 退出 36 笔，其他退出仅有 3 笔，占总退出的 90％以上。2012 年根据协会会员机构的退出情况来看，IPO 退出有 15 笔，比例只有 47％，其他退出方式则有 17 笔，并购、收购等占比超过 50％（见表 7-4），成为今年 PE 退出的重要途径。所有退出企业上市地点均为境内资本市场，PE 退出方式已不再挤 IPO"独木桥"，多元化发展已成为趋势。

浙江华睿投资管理有限公司成功上市 4 个投资项目，是协会会员单位中 IPO 上市最多的一家投资企业。其他退出方式最多的是浙江赛伯乐投资管理有限公司有 3 笔，浙江省科技风险投资有限公司、浙江天堂硅谷资产管理集团有限公司、浙江华睿投资管理有限公司和浙江华瓯创业投资有限公司各有 2 笔其他退出。

表 7-4　2012 年度协会会员机构退出情况

机构数量（家）	IPO 退出（笔）	比例（%）	其他退出（笔）	比例（%）
17	15	47	17	53

三、浙江省典型地区股权投资发展分析

（一）杭州"筑巢引凤"股权投资行业发展迅猛

杭州市将股权投资行业确定为区域金融发展的重要金融业态，多措并举"筑巢引凤"，取得了长足的发展。2007 年杭州共有各类投资机构 35 家，到 2012 年 6 月底已增至 420 家，四年多时间增长了 10 多倍。目前杭州不仅培育出天堂硅谷、浙江华睿、浙商创投等一批新秀本土投资机构，而且还招引了摩根士丹利、红杉资本、经纬创投、深创投等一批国内外知名投资机构，股权投资行业整体实力显著提升。

杭州在推进股权投资业发展的过程中，注重发挥自身优势，强调与股权投资运作产业链的全方位对接，已形成了包括政策支持、资金支持、平台支持和环境支持的四大支持服务体系，探索出具有杭州特色的股权投资业发展模式，具体做法如下：

1.政策拉动，出台针对性的扶持举措

杭州十分重视政策的扶持作用。近几年先后出台了三个政策文件：《关于支持股权投资企业发展的若干意见》（杭金融办〔2008〕38 号）；《促进我市股权投资业发展实施办法》（杭政办〔2010〕11 号）；《关于进一步促进我市股权投资业发展的补充意见》（杭政办函〔2012〕134 号）。上述三个政策的出台，形成了较为完善的扶持体系，对杭州投资机构的培育和招引起到了较为明显的拉动作用，杭州的股权投资业发展此后出现了一个高潮。

2.资金支持，设立多层次的政府基金

杭州高度重视发挥政府性基金的引导作用，先后设立了两支市级基金：一是 2008 年成立的政府创投引导基金，规模 10 亿元，目的是鼓励创投机构的设立。目前，引导基金协议出资 9.33 亿元，以阶段参股形式设立了 25 家创投基金，规模达 38.5 亿元。二是 2011 年成立产业发展母基金，规模 40 亿元，目的是以招引知名机构为主，并助力培育本土机构。与多家机构合作设立了子基金，子基金规模达 102 亿元。这两支政府性基金在招引知名机构在杭集聚，支持投资基金实现募集设立等方面,起到了明显的作用。

3.平台支撑,提供全方位的服务对接

杭州针对项目投资、投后管理、项目退出等环节,相继实施了一系列对接服务举措:一是配合项目投资,成立了杭州创投服务中心和杭州银行科技支行两个平台。创投服务中心主要负责组织资本与项目的对接,实现"为资本找项目、为项目找资本"的功能。杭州银行科技支行主要负责为投资机构提供资金托管服务,开展"投贷联动"业务,即投资基金投资企业时,科技支行配比给予被投资企业以信贷支持。二是配合投后管理,成立了"创业创新企业上市(杭州)培育基地"、上市专家咨询团、上市培育对象认定三个平台。培育基地负责为创业创新企业进入资本市场提供培育、辅导及培训等多项服务。杭州上市专家咨询团由券商、律师、会计师等行业专家组成,为拟上市企业股改、上市提供咨询服务。三是拓展退出渠道,形成了上市退出和场外交易市场退出为主的两个平台。上市退出方面,杭州市、各区(县、市)及街道(乡镇)三级政府联动,通过努力已形成"储备一批、股改一批、培育一批、辅导一批、报会一批"的上市梯队格局。近年来,杭州年均增加10家上市公司,现有境内外上市公司总数已达98家,在国内大城市中排名第4位。场外市场退出方面,目前杭州市金融办正积极参与浙江股权交易中心的组建、企业推荐等工作。

4.环境优化,营造宜居宜业的创新氛围

近年来,杭州立足优化环境"筑巢引凤",努力营造宜居宜业的创新氛围:一是优化选址落户规划。杭州金融业"十二五"规划明确"一城多点、相对集中"的投资机构集聚区布局,为不同投资机构提供相宜的落户场所。二是举办有影响力的论坛峰会等活动。活动的举办既宣传了杭州的商务环境,又吸引了众多知名机构和投资精英,为业界提供了交流平台。三是推进创新型城市建设。杭州通过开展"雏鹰计划"、"瞪羚计划"、"青蓝计划",成立海外归国留学人员创业的海创园及指导大学生创业的创业联盟,建设科技与金融结合国家试点城市等重大举措,加快了新兴产业的发展和传统产业的转型升级,既融合了城市的创新文化,又为管理团队发掘、培育更多项目源创造了条件。四是发挥协会服务作用。省股权投资行业协会成立后,本着省、市一体化的原则,杭州决定不再单设协会。协会在为管理团队提供互相交流、提供与政府对接合作等方面,发挥出积极的作用。

杭州市对股权投资提供了综合性的服务,一方面注重省、市联动,另一方面推动创新城市建设,积极引导企业转型升级,培育股权投资行业优质项目源,而且对落户的股权投资企业在选址、工商登记、享受配套服务等方面给予大力支持。杭州市本级、各区(县、市)以及街道(乡镇)三级政府部门对股权投资的作用形成高度共识,把吸引股权投资机构作为"招商引资"的重要内容,并结合民间财富管理中心、中小企业金融服务中心的建设,整体推动股权投资行业发展。

(二)2012年绍兴市股权投资业发展成效显著

2001年,绍兴第一家创业投资公司——绍兴市科技创业投资公司成立至今,绍兴股权投资业从零起步,快速发展,在政府引导和政策扶持下,投资机构、民间资金、产业资本纷纷进入股权投资行业,使这个新兴的直接融资领域显现出蓬勃生机,影响日益扩大,对引导民间资金,推动金融资本与产业资本相结合,培育战略性新兴产业和推动绍兴市经济转型升级起到了十分重要的作用。

1.2012年绍兴市股权投资业发展成果

2012年,是绍兴市股权投资业发展历程中重要的一年。2012年始,绍兴股权投资业管理部门由发改委调整为金融办,按照出政策、引品牌、建协会、搭平台的发展思路,全年着重在出扶持政策与引进品牌投资机构方面取得了积极成效。目前,绍兴市股权投资业发展迅速,初步形成政府引导、社会参与、市场运作的发展机制,一个多元化、区域性的股权投资集聚中心正在推进中。

(1)股权投资机构数量众多,投资运作活跃。绍兴市股权投资机构数量众多,位居全省前列。2012年,全市新增股权投资机构37家,机构总数达138家,注册资本133.07亿元,管理资金114.73亿元。投资运作也相当活跃,截至2012年年底,已累计完成投资97.16亿元,主要投资于新能源、新材料、节能环保、生物医药、文化创意、电子信息、先进机械制造等战略性新兴产业。

(2)品牌投资机构相继落户,品牌效应显现。2012年,绍兴市积极与国内多家实力、品牌创投机构进行洽谈,着力引进具有行业影响力的创投机构落户绍兴,吸引了软银、盛万、平安三家品牌机构落户绍兴,基金管理规模达11亿元,为绍兴市的股权投资业带来先进的投资理念和管理经验,品牌效应初步显现。

（3）私募股权融资快速增长，金融资本与产业资本对接顺畅。2008 年以来，绍兴市私募股权融资保持活跃态势，已累计吸引私募股权投资 50 亿元。2012 年，绍兴市 13 家上市后备企业共引进私募股权融资 8.82 亿元，涉及节能环保、生物医药、精细化工、文化创意等产业，为这些企业创新发展输入新鲜血液，提供强劲动力。

2．主要做法

（1）出政策，制定出台股权投资优惠政策和配套办法。2012 年绍兴市制定出台《关于促进股权投资业发展的意见》及实施细则，对来绍兴市落户的各类股权投资企业和股权投资管理企业给予落户奖励、财政补贴、税收优惠、资金配套支持等多项优惠政策，大力培育和引进创投、风投、私募、产业等各类基金。

（2）引品牌，引进国内多家实力品牌创投机构。通过出台扶持政策，走访省内外知名投资机构，积极与一些品牌投资机构开展深度合作，为落户创投机构提供募资、项目对接等服务，促进资本加快进入实体领域。

（3）搭平台，加强资本与实体的切合度。开展了包括私募股权融资在内的企业直接融资意向调查，及时掌握企业融资需求，并将信息与投资机构对接。8 月份专门召开战略性新兴产业人才项目与资本对接活动，成效明显。

（4）建统计，密切跟踪行业发展态势。建立股权投资月度统计制度，对绍兴市股权投资企业设立、注册资本、管理资金、投资项目及投资金额等进行月度统计通报制度，及时掌握行业发展动态，密切跟踪行业发展态势。

（三）2012 年温州市股权投资基金发展呈现良好趋势

2012 年，温州市政府组织研究和创新财政资金运作方式，整合原有各类财政专项资金和其他可用资金，设立政府引导基金，着力通过发挥财政资金杠杆效应和引领作用，吸引国内外优质资本、技术和人才向温州集聚，全力改善温州发展环境，促进经济社会转型发展。

股权投资作为温州金融综合改革的一项重要创新内容，温州市政府按照"市级主导、县级配套、募集跟进、投向平台"的运作原则，由温州市财政整合各类专项资金，根据温州市政府平台建设的现实需求，组成若干支专项引导基金。专项子基金原则上全部投向温州市域范围内的工业园区、产业功能区（集聚区）、粮食生产功能区、现代农业园区等产业平台、重大产业项目建设;保障性住房、民政事业设施等建设以及教育、文化、旅游等重大社会事业项目建设。

温州市创业投资引导基金则按照"政府引导、市场运作、科学决策、严格管理"的原则,由温州市财政整合原来较为分散的"三创"产业扶持资金,通过阶段参股和跟进投资等方式,重点支持温州市范围内的现代服务业、高端制造业、现代农业、现代物流、现代商贸、文化创意产业和时尚产业,提升传统轻工产业,扶持温州市处于初创期的激光与光电产业、电子信息、生物医药、新能源、新材料、环保节能等科技型中小企业创新创业。

温州市政府先后组建了保障房建设引导基金(2012年到位10.5亿元)、产业平台建设引导基金(2012年到位5.5亿元)和创业投资引导基金,并大力宣传、积极主动地对接沟通专业股权投资机构,为引导基金参股设立相应的基金做好筹备工作。

成立温州首支创业投资引导基金参股设立的创业投资基金,规模为2亿元,引导基金参股比例为10%,由广州海汇投资有限公司作为受托管理机构;首支县级政府平台引导基金——"龙兴(龙湾—兴业)1号保障房股权投资引导基金"已完成设立工作,基金规模5亿元。

为了给温州股权投资行业发展提供良好政策氛围,温州市金融办积极协调市财政、税务等相关部门,将《关于促进温州股权投资业发展的意见》(温委〔2011〕10号1+8系列文件)中所规定的各项优惠政策落实到位;同时,温州市金融办加强对温州市股权投资行业协会各类工作的指导,引导股权投资企业积极参与股权投资的各项工作。

(四)2012年嘉兴市股权投资业发展初具规模

2012年,嘉兴市以南湖区省级金融创新示范区建设为主平台,积极推进南湖"基金小镇"建设,加快发展股权投资业,取得了初步成效。

1. 不断完善政策措施

浙江省工商局专门为南湖区制定出台了《关于支持嘉兴市南湖区金融创新示范区发展的若干意见》(浙工商综〔2011〕30号),大力支持南湖区金融创新示范区建设。

嘉兴市政府以专题会议纪要的形式明确了支持南湖区金融创新示范区建设的政策。市政府以〔2011〕17号专题会议纪要的形式进一步明确了对南湖区省级金融创新示范区的扶持政策,主要内容:一是对金融创新示范区新引进的市外金融机构及金融相关行业,自纳税年度起6年内,其缴纳的营业税、企业所得税和经营团队中高级管理人员缴纳的个人所得税的地方留成部分,予以全额返还。二是金融创新示范区新引进金融保险机构的,按现行财政体制,将省财政结算给我市的省级金融保险业营业税当年增收奖励20%部分全额返还南湖区财政,专项用于金融创新示范区建设。三是金融创新示范区当年新引进全国性金融保险机构总部(或跨国公司区域性总部),按现行财政体制,将省对嘉兴市一次性补助资金全额结算给南湖区政府。四是对金融创新示范区新引进的金融机构,适用市创新领军人才队伍和重点创新团队相关政策。五是南湖区在金融创新试点过程中,享受市促进服务业优先发展的有关政策。

南湖区政府进一步印发了《关于促进南湖区股权投资产业发展的若干意见》(南政办发〔2011〕93号)(略)。

2. 深入做好招商服务

针对合伙企业注册登记的特殊性,主动协调工商、税务等部门,开辟基金注册登记一对一服务的"绿色通道"。为便于规范基金管理及提供后续服务,分类做好股权管理公司及合伙企业的备案工作。截至2012年12月底,已累计引进股权投资管理公司28家,注册资金4.82亿元;股权投资合伙企业72家,认缴资金87.87亿元,实际出资41.08亿元,投资项目112个。

3. 加大宣传力度

通过印制招商手册、电话招商、点对点招商等多种形式积极开展基金招商工作,加快促进股权投资产业发展聚集。积极开展媒体宣传,在《21世纪》、《第一财经》等杂志上刊登《PE公司北雁南飞》等软文,受到了广泛关注。为了进一步推进基金小镇的建设,提升基金小镇的知名度,于2012年12月18日联合省金融办举办了以"私募投资的黄金时代"为主题的南湖私募投资国际峰会,邀请了省、市、区等领导作主旨演讲,通过年度峰会、行业领袖专题演讲等形式,打造了中国最高规格、最专业、最具影响力的私募投资年度国际论坛,取得了良好的成效,营造了"基金小镇"建设的良好环境。

四、2012年度浙江省股权投资政策环境概况

近几年股权投资行业在浙江省发展迅速,这与浙江省及各市、区(县、市)的扶持息息相关。2000年10月浙江省人民政府发布了《关于印发浙江省鼓励发展风险投资的若干意见》(浙政〔2000〕8号)提出了鼓励发展风险投资的政策意见。此后,省政府于2009年出台了《关于促进股权投资基金发展的若干意见》(浙政办发〔2009〕57号),鼓励社会资本投向股权投资基金领域。2012年6月,省委、省政府又出台了《中共浙江省委办公厅、浙江省人民政府办公厅关于引导各类资本支持高层次人才创业创新的政策意见》(浙委办〔2012〕71号),文件中第三点指出"大力促进股权投资行业支持高层次人才创业创新",明确鼓励股权投资管理机构投资于高层次人才创业创新项目的股权投资基金,政府创业风险投资引导基金要积极参与发起设立;鼓励有条件的地区成立股权投资服务中心,为股权投资机构和高层次人才创业项目提供系统服务;创业投资企业以股权投资方式投资于未上市中小高新技术企业两年以上的,在税务方面予以优惠。对于促进股权投资业在各个地市的发展,浙江省内各市、区(县、市)已经出台了不少的政策和意见,2012年度,杭州、绍兴、舟山等地又都相继推出了措施予以鼓励。

(一)浙江省部分地区对设立股权投资机构的扶持政策

杭州市于2012年5月提出了《杭州市人民政府办公厅关于进一步促进我市股权投资业发展的补充意见》(杭政办函〔2012〕134号),鼓励扶持政策更加具体。除此之外,作为中国首个群岛新区——舟山群岛新区为加快地方金融业发展,大力促进股权投资机构发展,尤其是涉及海洋新兴产业以及海洋传统产业升级的项目,提出一系列扶持政策。绍兴市和丽水市对股权投资机构设立的扶持政策也比较全面(见表7-5)。

表 7-5 设立扶持政策

	相关政策	说　　明
杭州市	《杭州市人民政府办公厅关于进一步促进我市股权投资业发展的补充意见》（杭政办函〔2012〕134 号）	新设立或已设立的股权投资管理企业,按照尚未取得营业税或者有营业税应税收入两种情况,按实际情况给予奖励。奖励期限都不超过 5 年。
舟山市	《舟山市人民政府关于进一步加快舟山群岛新区地方金融发展的若干意见》（舟政发〔2012〕50 号）	注册在舟山的股权投资企业投资于本市的企业或项目,尤其是涉及海洋新兴产业以及海洋传统产业升级的项目等,由同级财政按项目退出或获得收益后形成的所得税地方分享部分的 60% 给予补助。
绍兴市	《绍兴市人民政府办公室关于促进股权投资业发展的意见》（绍政办发〔2012〕37 号）	公司制企业实际到位的注册资本达到 1 亿元（合伙制企业出资金额实到 3 亿元）的,奖励人民币 40 万元;公司制企业实到注册资本 2 亿元（合伙制企业出资实到 5 亿元）的,奖励人民币 80 万元;公司制企业实到注册资本 5 亿元（合伙制企业出资实到 10 亿元）的,奖励人民币 150 万元;公司制企业实到注册资本 10 亿元（合伙制企业出资实到 20 亿元）的,奖励人民币 300 万元;已注册经营的股权投资企业,如增加资本规模,公司制企业按每增加注册资本 1 亿元（合伙制企业按每增加出资 3 亿元）奖励 30 万元,最高奖励 300 万元。享受落户奖励的企业,5 年内不得迁离绍兴,否则按有关规定全额收回奖励（配套办法另行制定）。
丽水市	《丽水市人民政府关于印发鼓励支持股权投资类企业发展若干规定的通知》（丽政发〔2012〕61 号）	股权投资类企业自在丽水缴纳首笔营业税之日起六年内,前三年按其缴纳营业税地方留成部分全额给予奖励,后三年按 70% 奖励。股权投资类企业自获利年度起六年内,前三年按其缴纳企业所得税地方留成部分全额给予奖励,后三年按 70% 奖励。
杭州市江干区	《杭州市江干区人民政府关于加快股权投资业发展的若干政策意见》（江政发〔2012〕31 号）	新引进的总部型股权投资管理企业,注册资本在 1000 万元（含）以上的,给予一次性 30 万元奖励;注册资本 5000 万元（含）以上的,给予一次性 50 万元奖励;注册资本 1 亿元（含）以上的,给予一次性 100 万元奖励;注册资本 2 亿元（含）以上的,给予一次性 150 万元奖励;注册资本 5 亿元（含）以上的,给予一次性 250 万元奖励;注册资本 10 亿元（含）以上的,给予一次性 500 万元奖励。
杭州市萧山区	《关于促进萧山区股权投资业发展的实施办法》（萧委办〔2012〕50 号）	经备案的股权投资企业和股权投资管理企业,每实际出资额 5000 万元给予 30 万元开办费奖励。
杭州市余杭区	《余杭区支持股权投资业发展财政政策实施细则》（余金融办〔2012〕16 号）	投资初始奖励,分为委托型、自营型股权投资企业和股权投资管理企业三种类型,按实际情况给予不等的奖励。

（二）股权投资财政扶持政策

省内各地市财政扶持政策都比较接近,相比较丽水市的扶持政策力度最大,绍兴市的政策最为全面（见表 7-6）。

表 7-6　财政扶持政策

	相关政策	说　明
杭州市	《杭州市人民政府办公厅关于进一步促进我市股权投资业发展的补充意见》（杭政办函〔2012〕134号）	新设立的股权投资企业，自获利年度起，可按其企业所得税形成地方财政贡献的50％予以奖励。奖励期限不超过5年。
舟山市	《舟山市人民政府关于进一步加快舟山群岛新区地方金融发展的若干意见》（舟政发〔2012〕50号）	合伙制股权投资企业，由合伙人分别缴纳个人所得税或企业所得税。股权投资企业的有限合伙人为自然人的，依据国家有关规定，按照"利息、股息、红利所得"或"财产转让所得"项目征收个人所得税。股权投资管理企业上缴的营业税、所得税地方留成部分按一定额度予以补助，其中，前2年全额奖励，后3年按50％的额度补助。
绍兴市	《绍兴市人民政府办公室关于促进股权投资业发展的意见》（绍政办发〔2012〕37号）	股权投资企业以股权方式投资于市内未上市中小高新技术企业两年以上的，并符合国家税务总局《关于实施创业投资企业所得税优惠问题的通知》（国税发〔2009〕87号）的，可按其对中小高新技术企业投资额的70％，在股权持有满二年的当年抵扣该股权投资类企业的应纳税所得额；当年不足抵扣的，可在以后纳税年度结转抵扣。对实际管理资金达2亿元以上的股权投资管理企业，经地税部门按税收管理权限批准，自设立或迁入之年度起第一至第三年免征房产税和城镇土地使用税。合伙制的股权投资不作为所得税纳税主体，采取"先分后税"方式，由合伙人分别缴纳个人所得税和企业所得税。个人限售股在本市减持的，其缴纳的个人所得税按有关规定予以奖励。
丽水市	《丽水市人民政府关于印发鼓励支持股权投资类企业发展若干规定的通知》（丽政发〔2012〕61号）	股权投资类企业自在丽水缴纳首笔营业税之日起六年内，前三年按其缴纳营业税地方留成部分全额给予奖励，后三年按70％奖励。股权投资类企业自获利年度起六年内，前三年按其缴纳企业所得税地方留成部分全额给予奖励，后三年按70％奖励。
杭州市江干区	《杭州市江干区人民政府关于加快股权投资业发展的若干政策意见》（江政发〔2012〕31号）	新引进的股权投资管理企业，自盈利年度起，其上缴营业税形成的区财政贡献部分，前三年给予100％奖励，后两年给予65％奖励；其上缴所得税形成的区财政贡献部分，五年内给予50％奖励。
杭州市萧山区	《关于促进萧山区股权投资业发展的实施办法》（萧委办〔2012〕50号）	在萧山区新设立的股权投资企业和股权投资管理企业自盈利年度起及在萧山区已设立的股权投资企业和股权投资管理企业自政策执行年度起，对其上缴的营业税、所得税形式的区财政贡献部分，前三年给予全额奖励，后两年给予65％奖励。新设立或已设立的有限合伙制股权投资企业、股权投资管理企业，其既执行有限合伙企业合伙事务又为出资人的自然人普通合伙人，取得所得能划分清楚的，对所得中投资收益或股权转让收益部分，在国家规定范围内给予优惠税率扶持
杭州市余杭区	《余杭区支持股权投资业发展财政政策实施细则》（余金融办〔2012〕16号）	对在余杭区设立的股权投资企业、股权投资管理企业，自在余杭区缴纳税收（营业税、企业所得税）的当年起，三年内逐年按其实缴税地方留存部分给予70％、60％、50％的奖励。

(三)股权投资政府投资奖励政策

省内各市、区(县、市)政府为促进当地产业转型升级、储备上市企业,对股权投资管理企业投资于本地未上市中小高新技术企业予以追加政府投资奖励政策(见表7-7)。

表7-7 投资奖励政策

	相关政策	说　　明
绍兴市	《绍兴市人民政府办公室关于促进股权投资业发展的意见》(绍政办发〔2012〕37号)	对实际到位注册资本达1亿元及以上的股权投资企业,自获利年度起5年内,前三年按缴纳企业所得税地方留存部分给予全额奖励,后二年减半奖励。对股权投资管理企业,管理基金规模分别达到1亿元、3亿元、5亿元、10亿元的,自获利年度起5年内,按缴纳企业所得税地方留存部分30%、50%、80%、90%分别给予奖励。股权投资企业投资于本市的企业或项目,在其全部退出时,按照缴纳企业所得税地方留存部分的30%给予一次性奖励,单个项目奖励最高不超过200万元。合伙制的股权投资企业不作为所得税纳税主体,采取"先分后税"方式,由合伙人分别缴纳个人所得税和企业所得税。个人限售股在本市减持的,其缴纳的个人所得税按有关规定予以奖励。
舟山市	《舟山市人民政府关于进一步加快舟山群岛新区地方金融发展的若干意见》(舟政发〔2012〕50号)	股权投资企业投资于舟山市未上市中小高新技术企业2年以上的,凡符合《财政部、国家税务总局关于促进创业投资企业发展有关税收政策的通知》(财税〔2007〕31号)规定条件的,可按其对舟山市未上市中小高新技术企业投资额的70%、在股权持有满2年的当年抵扣该股权投资企业的应纳税所得额;当年不足抵扣的,可在以后纳税年度结转抵扣。
丽水市	《丽水市人民政府关于印发鼓励支持股权投资类企业发展若干规定的通知》(丽政发〔2012〕61号)	股权投资企业投资的丽水企业,优先列入丽水市上市后备企业培育计划,支持其在境内外资本市场发行上市,符合条件的可按规定享受丽水有关股改上市优惠政策。
杭州市江干区	《杭州市江干区人民政府关于加快股权投资业发展的若干政策意见》(江政发〔2012〕31号)	新引进股权投资管理企业,受托管理的外地股权投资资金(指杭州行政区划外的股权投资资金,下同)对在杭州企业直接股权投资额达到4000万元的,给予一次性15万元的奖励;自设立起两年内其受托管理外地股权投资资金对在杭企业投资达到8000万元(含)以上的,给予最高不超过50万元的一次性奖励。
杭州市萧山区	《关于促进萧山区股权投资业发展的实施办法》(萧委办〔2012〕50号)	经备案的股权投资企业和股权投资管理企业,在萧山区直接股权投资达注册资本25%以上、绝对额2000万元以上、期满1年以上(不含1年)的,给予直接股权投资额的1%奖励,最高给予投资奖励200万元。对在萧山区新设立的股权投资企业和股权投资管理企业自盈利年度起,对其上缴的营业税、所得税形式的区财政贡献部分,前三年给予全额奖励,后两年给予65%奖励。对在萧山区已设立的股权投资企业和股权投资管理企业、自政策执行年度起,对其上缴的营业税、所得税形式的区财政贡献部分,前三年给予全额奖励,后两年给予65%奖励。
杭州市余杭区	《余杭区支持股权投资业发展财政政策实施细则》(余金融办〔2012〕16号)	针对股权投资企业、股权投资管理企业、以信托制形式设立的股权投资基金和政府阶段参股的创业投资企业,按其注册资本和投资额不同,分别给予不同等级的奖励。

(四)股权投资其他扶持政策

除上述针对股权投资管理企业的鼓励措施外,还对企业的高管、办公用房等方面给予了优厚待遇的措施,如表7-8所示。

表7-8　其他扶持政策

	相关政策	说　明
杭州市	《杭州市人民政府办公厅关于进一步促进我市股权投资业发展的补充意见》(杭政办函〔2012〕134号)	新设立或已设立的自营型股权投资企业、股权投资管理企业的高级管理人员,其自上述企业取得的个人工资薪金所得形成的地方财政贡献部分,前3年可予以全额奖励,后两年可予以减半奖励。自营型股权投资企业资金规模、股权投资管理企业受托管理资金规模在2亿元(含)以下的,其高级管理人员奖励人数不超过2人;资金规模在2亿元以上、15亿元以下的,每增加1亿元的资金规模,可相应增加1个奖励名额,奖励名额不超过10人;资金规模在15亿元(含)以上的,可适当增加奖励名额,具体由市报备认定办公室(设在市金融办)初审后报市政府批准。新设立或已设立的有限合伙制股权投资企业、股权投资管理企业,其既执行有限合伙企业合伙事务又为出资人的自然人普通合伙人,取得所得能划分清楚的,对所得中投资收益或股权转让收益部分,适用20%的税率。
绍兴市	《绍兴市人民政府办公室关于促进股权投资业发展的意见》(绍政办发〔2012〕37号)	公司制股权投资企业及管理企业,其副总经理以上高级管理人员(每个企业不超过5人,认定办法另行制定)在任职满一年后,从第二年起,三年内按其工资、薪金所得缴纳个人所得税地方留存部分给予全额奖励,满三年后的五年内给予减半奖励。股权投资机构的高级管理人员,经市人才办、人力社保局等部门认定后,可享受绍兴市关于人才引进、人才奖励、配偶就业、子女教育、医疗保障等方面的相关政策。
舟山市	《舟山市人民政府关于进一步加快舟山群岛新区地方金融发展的若干意见》(舟政发〔2012〕50号)	对实收资本在10亿元以上、并且50%资金投资于舟山的股权投资企业,经批准,其股权投资管理企业可享受总部金融机构税收补助政策,其股权投资管理企业的高管人员(每家企业不超过5名)享受总部金融机构金融人才引进政策。已享受过营业税奖励的不再享受金融机构营业税项目优惠政策。市政府定期将市内适合股权投资企业投资的优质项目推荐给在本市注册并备案的股权投资管理企业。对股权投资企业投资的本市企业优先列入上市后备企业培育计划,支持其在国内外资本市场上市,并享受上市优惠政策。支持在本市注册的股权投资企业和股权投资管理企业,优先在舟山市未上市股权交易平台进行项目对接和股权转让。上述政策所需资金在现代服务业专项资金中兑现。
丽水市	《丽水市人民政府关于印发鼓励支持股权投资类企业发展若干规定的通知》(丽政发〔2012〕61号)	股权投资企业、股权投资管理企业的专职高级管理人员,符合条件的可按规定享受丽水市关于引进人才的相关优惠政策。
杭州市余杭区	《余杭区支持股权投资业发展财政政策实施细则》(余金融办〔2012〕16号)	高级管理人员工资薪金所得及企业分红个人股东缴纳的个人所得税按其实缴税收地方留成部分的60%给予奖励。

续表

	相关政策	说　明
杭州市江干区	《杭州市江干区人民政府关于加快股权投资业发展的若干政策意见》(江政发〔2012〕31号)	高管奖励政策。新引进的股权投资管理企业,其高级管理人员(指公司董事长、副董事长、总经理、副总经理)自上述企业取得的个人工资薪金所形成的区财政贡献部分,前三年可给予100%奖励,后两年可给予50%奖励。受托管理资金规模在1亿元(含)以上、2亿元(含)以下,且对杭州企业直接股权投资额达到2500万元,其高级管理人员奖励人数不超过2人;资金规模在2亿元以上、15亿元以下的,每增加1亿元的资金规模,可相应增加1个奖励名额,奖励名额一般不超过10人。如所托资金均为外地资金,则其受托管理的资金对杭州企业直接股权投资额应达到4000万元。办公用房补助。新引进的股权投资管理企业新购建的自用办公用房(不包括附属和配套用房),对办公用途部分的建筑面积按每平方米1000元的标准给予补助,最高不超过1000万元,在开业之日起三年内分期补助完毕;租赁的自用办公用房,三年内每年按照房屋租金的30%给予补助,每年最高不超过100万元,实际租赁价格高于房屋租赁市场指导价的,按市场指导价计算租房补助。
杭州市萧山区	《关于促进萧山区股权投资业发展的实施办法》(萧委办〔2012〕50号)	对股权投资企业和股权投资管理企业的高级管理人员,其缴纳的个人薪金所得形成的区财政贡献部分,前三年给予全额奖励,后两年给予减半奖励。每家企业经认定的高管人员原则上不超过5名。新设立或已设立的有限合伙制股权投资企业、股权投资管理企业,其既执行有限合伙企业合伙事务又为出资人的自然人普通合伙人,取得所能划分清楚的,对所得中投资收益或股权转让收益部分,在国家规定范围内给予优惠税率扶持。企业自用办公用房,按每天0.8元/平方米以补贴,最高补助面积按人均30平方米计算,最高不超过300平方米,每年最高补贴金额不超过10万元。企业入驻经认定的区级股权投资产业园,其办公用房按每天1.5元/平方米予以补贴,每年最高补贴金额不超过20万元。

(五)股权投资行业相关政策

宁波市早在2008年就已经出台《关于鼓励股权投资企业发展的若干意见》(甬金办〔2008〕9号),2012年又为鼓励天使投资机构、天使投资人投资创新型初创企业出台了《宁波市天使投资引导基金管理办法(暂行)》,走在了全省的前列。

湖州市明确就科技和金融结合的工作出台了《湖州市人民政府关于进一步促进科技和金融结合工作的若干意见》(湖政发〔2012〕46号)。《意见》中明确提出"创业投资企业采取股权投资方式投资于未上市的中小高新技术企业2年以上的,可以按照其投资额的70%在股权持有满2年的当年抵扣该创业投资企业的应纳税所得额;当年不足抵扣的,可以在以后纳税年度结转抵扣。对新设立的创业风险投资企业自成立起前三年所交所得税地方留成部分给予全额补助,后两年给予50%补助"。

五、浙江股权投资业未来发展趋势

(一)募资增速放缓,基金募集模式转变

在 PE 行业募资规模整体发展速度放缓之时,以母基金形式的私募股权投资基金越来越受到投资机构的重视。2012 年 8 月,杭州市金融投资集团与清科集团合作发起设立一支合伙制形式母基金,规模为 10 亿元人民币,这也是浙江省内第一支以私募形式组建,吸引社会资金参与的母基金。目前,国内很多 PE 机构已经将目光关注到母基金上,在欧美等国,PE 行业所募集的资金 50% 左右来自母基金,我国目前只有 2% 左右,所以未来发展潜力巨大。母基金可以通过长期对 PE 机构的观察、了解与深度调研,提炼总结出 PE 行业发展过程中的经验教训,并运用这些知识能更好地指导被投机构的投资管理业务。

母基金能够通过资产再组合选择不同 PE 基金和项目,达到帮助投资人有效分散 PE 投资风险的目的,同时母基金也有效地加强不同 PE 之间的联系,促进股权投资行业相互交流合作。除此之外,在 PE 市场中,中小投资人由于规模较小,一般一次只能投资几支甚至一支 PE 基金,流动性差,几乎没有太多的灵活性,母基金的出现可以凝聚散户投资者的资金,降低了单个自然人出资门槛要求,在很大程度上可以排解目前投资机构募资难的忧虑。

国内母基金也随着私募股权投资行业的发展悄然生长,经过发展,本土市场上逐渐形成了以母基金形式运作的三大基金阵营:政府引导基金、国有企业参与设立的市场化母基金、民营资本运作的市场化人民币母基金。市场化母基金中比较典型的代表是诺亚财富旗下的歌斐资产。另外,外资的人民币母基金也在摩拳擦掌,由于受到相关政策等因素的制约,还未成气候。推动母基金的大力发展,将是我省股权投资行业发展的重要组成部分,也将是促进我省股权投资发展的重要推动力。

(二)政府引导基金发展迅速,助推新兴产业升级

政府引导基金是支持地方经济发展、解决中小企业融资难题的重要手段,同

时也是政府培育战略性新兴产业的重要途径。近年来,各地政府引导基金如雨后春笋般出现,引导基金正成为政府支持新兴产业发展的全新平台。浙江是中国经济最为活跃的地区之一,也是政府引导基金发展最为成熟的地区之一,截至2012 年 7 月底,浙江省设立的引导基金包括县区级引导基金在内共有 21 支。

根据《浙江省创业风险投资引导基金管理办法》中明确指出参股基金"投资浙江省范围内企业的资金不低于 80％,投资初创期企业的投资额比例不得低于全部投资额 30％",这说明参股基金将集中投资于新兴产业领域。

目前,在众多政府引导基金中,部分已经开始了市场化母基金尝试,在公司结构、治理模式、决策模式、运行模式和激励机制等方面异于普通引导基金。对多数未市场化的引导基金而言,未来转型也是符合市场需求的一种选择。政府资金应更多采用市场化母基金方式来引导,这样对投资方向的限制,可以逐步放宽。

(三)退出方式呈现多元化

浙江股权投资市场的退出一直是以 IPO 为主要退出方式,然而,从当前市场环境来看,在 IPO 审核与发行基本停滞的背景下,回报率一直下滑,导致 IPO 退出方式受阻。从今年的数据来看,已经有越来越多的投资机构选择并购及股权转让方式退出,及时保障较好的内部收益率,已获得行业的认同。

VC/PE 通过 IPO 退出会越来越难,但并购重组可能掀起高潮。投资机构可借助并购重组投资入股以及获得退出机会,预计通过并购退出案例会越来越多。另一方面,并购重组迎来政策利好。工信部、发改委、国资委等部门发布推进九大行业并购重组的文件,这九大行业包括钢铁、水泥、汽车、机械制造、电子信息、造船、稀土、电解铝和农业等。对于产能过剩的行业来说,整合并购、产业结构优化升级是必经之路,2013 年投资机构可借此东风寻求投资入股以及并购退出的机会。

同时,国家加快发展多层次资本市场建设。扩大"新三板"试点范围,继续引导区域性股权交易市场规范发展,鼓励证券公司探索建立柜台交易市场,积极推动品种创新,有序扩大中小企业私募债券试点等多项政策,最终都会打破 IPO 阻力。

六、对浙江股权投资业发展的建议

（一）股权投资监管升级，防范违规问题

随着股权投资业的推广发展，风险违规问题也随之出现，为了市场的规范发展，应夯实监管基础，从"求量"变为"求质"。有关业务主管部门应按照国家法律、法规对股权投资机构进行监管；建立健全的风险控制机制，注意防范私募变公募，避免违法机构以募资为借口变相非法集资；规范行业发展，通过行业协会对信息数据进行统计分析，为相关主管部门进一步完善政策和调整规范行业发展提供相关依据。

（二）回归投资本源，推动中早期投资不断壮大

产业转型升级和结构调整的一个很重要的着力点，就是科技创新，而科技创新企业大多数都是初创期的中小企业。我省的股权投资企业依然是以投资扩张期企业为主，对中小企业重视不够。天使投资和创业投资作为股权投资产业链的前端，企业发展的伯乐，对于扶持处于种子期企业的成长作用巨大，同时对于鼓励科技创新意义深远。我省的早期投资与股权投资相比，总体规模偏小；投资机构对于初创期企业的投资不足，投资环境和所享受的优惠鼓励政策有限，制约了早期投资在浙江省的发展。因此，投资要回归本源，大力推动中早期投资壮大，促进天使投资和 VC 投资的发展。

（三）注重股权投资人才素质培养

股权投资的投资团队需要有必备的金融投资职业技能，对人才素质有较高的要求，主要体现在知识结构全面、实践经验饱满、社会阅历丰富、理性分析潜质好、沟通谈判能力强等方面。随着市场发展迅速，复合型投资专业人才的稀缺，会成为制约整个行业发展不可忽视的因素，因此应该要解决人才储备不足、培养体系缺失带来的问题，联合高校、研究机构以及行业协会打造系统性的人才培养平台。

（本报告由浙江省股权投资行业协会提供）

2013 年金融热点问题研究

第八章　浙江省农村金融改革与发展报告

2004年以来,中央连续发布10个1号文件聚焦"三农"问题,并强调发挥农村金融在服务"三农"中的核心作用,要求推进农村金融体制改革,改善农村金融服务。浙江省虽然不是农业大省,但陆续制定出台了一系列金融财税扶持政策,创新推出了具有本地特色的金融产品和服务方式,完善了农村金融服务组织体系,推动了涉农企业直接融资发展,健全了农村支付体系和信用体系等,使得农村金融改革与发展一直走在全国前列,多项农村金融服务指标在全国处于领先地位。同时,在中国人民银行总行和浙江省政府的组织领导和精心指导下,全国唯一采用"行省共建"模式的丽水市农村金融改革得以稳步推进。

一、金融机构涉农贷款明显增加

在多个部门、多项政策的共同支持下,浙江省金融支农惠农力度不断加大,涉农贷款、农业贷款、农村贷款和农户贷款等均保持较快增长且高于整个贷款增速,各项指标位居全国前列。截至2013年9月末,浙江全部金融机构本外币贷款余额6.4万亿元,同比增长10.78%,其中:全省本外币涉农(仅指县及县以下,未包括县以上的城市部分)贷款余额2.8万亿元,同比增长14.1%,占各项贷款余额的比重高达43%;农林牧渔业贷款余额1067.13亿元,同比增长13.1%;农村贷款余额2.61万亿元,同比增长14.0%,占各项贷款余额的比重高达40.6%;农户贷款余额5778.3亿元,同比增长21.6%,占各项贷款余额的比重为9.0%。

二、农村金融产品和服务方式创新不断推进

全省各金融机构加快推进农村金融产品和服务创新,全面改进和提升农村金融服务。以解决"三农"抵押担保难为突破口,大力推动林权抵押贷款、农房抵押贷款、海域使用权抵押贷款等支农信贷产品创新,加快现代农业发展。截至2013年6月末,浙江省林权抵押贷款余额53亿元,比年初新增5亿元,同比增长31.2%;浙江省农房抵押、知识产权质押、排污权抵押、海域使用权抵押贷款余额分别为98亿元、13亿元、11亿元和19亿元。

省内中国人民银行和各银行业金融机构根据辖区实际需求,针对性开发各类信贷产品。如中国人民银行宁波市中心支行在象山试点推出无居民海岛使用权抵押贷款,有效拓展海洋经济金融服务空间。省内农村合作金融机构推出了农村青年创业贷款、妇女创业贷款、党员创业贷款、丰收小额贷款等各类信贷产品,满足特定群体的信贷资金需求。针对各类农村专业合作社,省内金融机构开展"公司+专业合作社+农户"等多种信贷模式,民泰银行宁波分行等辖内2家金融机构为宁波农机专业合作社发展提供2亿元意向性融资,首批10家农机专业合作组织得到贷款授信。衢州市农村合作金融机构创新推出水库使用权贷款,有效解决水库经营者融资难题。宁波市农信联社在浙江省首创"房票通"质押贷款[①],突破拆迁农户融资难困境。

三、农村金融基础服务覆盖面不断扩大

浙江省努力构建多层次、广覆盖,功能互补、相互协作、适度竞争的农村金融服务体系。一是在2010年正式启动"空白乡镇"金融网点和服务覆盖工程,并在实现159个金融服务空白乡镇网点全覆盖的基础上,在全省金融服务空白的行政村大力推进银行卡助农服务的应用,解决偏远地区农民小额存取款难问题。至2013年9月末,已设立17281个银行卡助农服务点,覆盖16782个行政村,实

---

① 即农村集体土地住房拆迁补偿权益质押贷款。

现该服务在全省符合条件且确有需求行政村的全覆盖。2013 年前三季度全省共办理小额取现 131.2 万笔,金额 4.6 亿元,方便偏远地区农民"不出村、低成本、无风险"支取涉农补贴、养老保险等资金。同时针对偏远地区农民缴纳公用事业费难的现状,创新推出了银行卡助农代理转账服务,推动实现支付普惠服务。至 2013 年 9 月末,全省共有 3923 个助农取款服务点开展了代理转账业务,前三季度共办理代理转账业务 21.1 万笔,金额 9398 万元。二是大力优化用卡环境。如浙江农信系统大力推进普惠金融工程,推广"丰收小额贷款卡"和"丰收创业卡",实行"一次授信、额度控制、循环使用、随借随还"的用信方式,推行农户贷款"一站式"服务,未来三年将实施"丰收村村通",实现基础金融不出村,综合金融不出镇。三是新型金融机构或组织快速发展,新型农村金融机构的设立让偏远地区的农民在家门口就能享受到便利的金融服务,丰富了农村金融组织体系。通过近年来的大力发展,截至 2013 年 9 月末,浙江省成立小贷公司 301 家,村镇银行 57 家、农村资金互助社 8 家。

四、涉农金融机构可持续发展能力持续增强

中国人民银行杭州中心支行、浙江银监局等部门按照坚持服务"三农"的市场定位,按照建立现代农村金融制度的要求,不断推进浙江省涉农金融机构改革和创新。目前,农村信用社(含农村商业银行、农村合作银行)发挥着金融支持"三农"的主力军作用,中国农业银行"三农金融事业部"改革取得阶段性成果,农业发展银行政策性服务功能日益增强,中国邮政储蓄银行县域金融服务不断强化,新型农村金融机构培育工作取得较大进展。主要涉农金融机构保持较高的盈利水平和较低的贷款不良率,可持续发展能力稳步提高。从盈利水平来看,截至 2013 年 6 月末,浙江省(不含宁波)的农村商业银行、农村合作银行和农村信用社资产利润率分别为 2.99%、2.60% 和 2.66%,村镇银行、农村资金互助社和小贷公司资产利润率分别为 2.95%、3.01% 和 6.19%,均高于银行类金融机构 2.44% 的平均值,实现了较好的盈利水平。此外,从不良率的角度来看,在受国际国内宏观经济和浙江区域经济的影响,浙江信贷资产不良率上行压力加大的背景下,涉农贷款资产质量基本保持平稳,甚至相对优良。2013 年 6 月末,浙江

省农村合作银行、村镇银行、农村资金互助社的不良率分别为 1.49％、1.05％、0.18％，均低于浙江省金融机构不良率 1.65％的平均水平。

五、涉农企业融资渠道不断拓宽，融资模式由间接融资向直接融资扩展

2010 年，人民银行、银监会、证监会、保监会联合印发《关于全面推进农村金融产品和服务方式创新的指导意见》（浙政发〔2010〕198 号），积极支持符合条件的涉农企业到股票主板市场、中小板市场和创业板市场实现上市融资和再融资，或通过银行间债券市场发行企业债、短期融资券、中期票据、中小企业集合票据等直接融资产品。但是，对于当前本身欠发达的资本市场来说，涉农企业自身存在的问题与风险使得其直接融资的难度很大。总体而言，浙江涉农企业的直接融资发展稳步加快。在股票融资方面，海通食品（后更名为亿晶光电）、宁波天邦、千足珍珠、古越龙山、嘉欣丝绸、新安化工等 13 家涉农企业分别在深圳证交所、上海证交所成功上市，共融资 109.1 亿元。在银行间债券市场，浙江农资集团自 2007 年起共发行了 5 期短期融资券和 1 期中期票据，分别募得资金 20.4 亿元和 6 亿元。除此之外，浙江作为国内最大的私募股权投资市场[①]，私募股权投资和风险投资对浙江高成长性、高科技农业企业的孵化、成长作用也不容小觑，如天堂硅谷向杭州山地茶业注资 1500 万元，九鼎风投以 5000 万元入股浙江清廉食品，浙江宗苏食品有限公司获得香港大福证券公司 2000 万美元股权投资等。

六、农业保险覆盖面稳步扩大，"稳定器"作用逐步显现

一是农业保险覆盖面稳步扩大，风险保障能力有效提高。从保险品种看，政策性农险品种有水稻、奶牛、大棚蔬菜等 14 种。除此之外，浙江省还积极开展特色农险品种试点，截至 2013 年 6 月末，共有高山蔬菜、大棚瓜果、食用菌种植、葡

---

① 据清科数据统计，2012 年私募股权投资在浙江的投资金额达到 39.7 亿美元，位居全国第一。

萄种植、桑蚕、金针菇种植等 6 个县域特色农业保险品种,为 24766 户农户提供了 7822 万元的保障,保费收入 326 万元,赔款 35.23 万元。从风险保障能力看,近年来随着政策性林木保险、政策性渔业事业保险试点的先后展开,浙江农业保险已基本覆盖了农林牧渔各主要农业产业,同时,在农业产业链前后也有了新的延伸,从生产领域的自然灾害、疫病风险等逐步向流通领域的市场风险、农产品质量风险等延伸。二是"共保体"模式获得创新突破。在开展政策性农业保险试点初期,由人保财险浙江省分公司作为首席承保人,太平洋财险、平安财险、大地财险等 10 家商业保险公司为共保人,专门组建了"浙江省政策性农业保险共保体",主营农险、以险养险①、涉农险三类,实行"单独建账、独立核算、盈利共享、风险共担"的共保经营模式,走出了一条具有浙江特色的政策性农业保险之路。三是政策支持力度不断加大。中央、省、市和县(市、区)财政安排专项资金,不断加大对参加政策性农业保险农户的保费补贴。浙江对被列入保险品种目录的保费补贴比例不低于 45%,其中水稻、油菜保费的财政补贴高达 90%;2013 年又进一步提高了水稻保险保额和生猪保险财政保费补贴比例。财政补贴型险种仍是我国农业保险的主要险种,提高了保险公司的参与热情,同时也有效减轻了农民的保费负担水平。

七、农村支付体系建设快速推进

一是持续延伸支付清算系统。引导并督促农村地区银行机构在风险可控的前提下,通过直接加入或借助上级行清算网络方式加入支付系统等各类支付清算系统。积极支持村镇银行等新型农村金融组织采取代理方式接入支付系统,不断疏通其支付结算渠道。至 2013 年 9 月末,全省 5559 个农村银行机构网点已加入支付系统。同时,大力推动小额支付系统银行本票和三省一市汇票业务的应用。2012 年,推动实现银行本票全省流通使用,进一步减少毗邻地区现金结算。二是大力改善农村用卡环境。至 2013 年 9 月末,全省农村地区所布放的

---

① 以险养险:在加强指导和参保者自愿的前提下,支持共保体开展农村建房险、家财险、农机具意外险等其他涉农险业务的发展。

ATM 机达到 2.3 万台、POS 机达到 39.9 万台,较 2008 年年底分别增长 254%、307%;助农取款服务已覆盖全省所有符合条件且确有需求的行政村;农村地区人均持卡量达到 3 张,远超中国人民银行总行提出的 2012 年人均持卡 1 张的目标;2013 年上半年,浙江省农村地区持卡消费 4175.53 万笔、4631.47 亿元,银行卡渗透率达 30%,较 2008 年提高 18.8 个百分点,远超中国人民银行总行提出的 2012 年达到 10% 的目标。并组织开展"刷卡无障碍示范区、示范镇、示范县"创建活动,以点带面推动农民持卡结算。至 2013 年 9 月末,全省共创建完成 21 个"刷卡无障碍示范县"、45 个"刷卡无障碍示范镇"、507 个"刷卡无障碍示范区"。三是创新推动电子支付应用。中国人民银行杭州中心支行选择在宁波、温州、湖州、绍兴等四个地市,开展各具特色的手机支付业务应用试点。宁波地区主要推广手机近场支付,绍兴地区着力推进手机支付在商品交易市场的应用,温州地区重点向工业园区外来务工人员、农村种养殖大户等群体推广,湖州地区重点向回乡创业青年、大学生村官等群体进行推广。目前,农民对手机支付的认知度已经有所提升,至 2013 年 9 月末,试点地区开通手机支付的用户数达到 469.66 万户,前三季度手机支付业务量达 10503.5 万笔,金额 900.1 亿元。通过创建"网上支付应用示范区"等方式,在全省农村地区推广应用网上支付业务,实现农民居家支付。至 2013 年 9 月末,农村地区网银用户数量达 2547.17 万个,前三季度共发生网银交易 60258.94 万笔,余额 237890.41 亿元。

八、农村信用环境建设持续推进,农村金融生态环境逐步改善

农村信用体系和生态环境建设是农村金融基础设施建设的重要组成部分。经过几年的努力,目前已经在全省范围内初步建立起了农户信用信息征集、信用评价体系、信用激励约束机制和征信宣传教育为主要内容的农村信用体系建设工作框架。

一是全省上下建立多部门联合推进机制。2011 年,中国人民银行杭州中心支行与省农办联合制定下发了《关于加快推进我省农村信用体系建设工作的若干意见》,并于 10 月成立了由杭州中心支行和省农办共同牵头,涉农金融机构共

同参与的浙江省农村信用体系建设工作小组。目前,从各地市到 13 个农村信用体系建设试点县(市)均已建立政府支持、人民银行牵头、农办以及各涉农金融机构共同参与的工作框架,形成了横向联合、自上而下的机制保障。二是大力推进农户信用信息采集的规范化和电子化建设。自开展农村信用体系建设工作以来,经过十多年的努力,浙江省涉农金融机构累计为 733 万农户建立信用档案,占全部农户数的 63.85%。随着浙江省农村信用体系建设工作的持续深化,2011 年中国人民银行杭州中心支行组织科技力量开发完成了全省统一的农户信用信息管理系统,全面规范了农户信用档案数据标准,有效解决了农户信用档案格式不一、电子化程度不高,难于共享的技术性问题。目前,全省各试点地区已成功采集有经营活动农户电子化信用档案 120 万余户,纳入浙江省农户信用信息管理系统 112 万户。三是规范开展信用户、信用村、信用乡镇创建工作。截至 2013 年 6 月末,全省已评定信用农户 592 万户,占已建档农户数的 80.8%,并对其中的 364 万户农户发放了贷款,累计发放贷款 10596 亿元。四是强化农村地区"守信受益、失信惩戒"机制。中国人民银行杭州中心支行充分运用支农再贷款等政策工具,尽可能地为涉农金融机构提供政策倾斜和实惠,积极引导并多次下发文件督促涉农金融机构制定针对信用农户的优惠政策。在"守信受益、失信惩戒"这一方针的引导下,部分农村地区已经逐步建立了针对性的一系列惠农贷款措施,让那些信用评价高、信用意识强的农户在办理手续、授信额度、贷款利率和抵押担保方式上享受优惠和便利,使广大农户切实体会到"守信受益、失信惩戒"机制的效力。

九、农村金融改革发展的政策扶持力度不断增强

近年来,中国人民银行杭州中心支行加大了对农村金融改革与发展的支持力度,出台或者联合其他相关部门共同出台了一系列的政策文件,采取有效措施,支持农村金融发展,引导金融机构向农村延伸服务,不断优化农村金融生态环境,提升农村金融服务水平。

一是引导农村金融更好地服务实体经济。2013 年,中国人民银行杭州中心支行着力加强对金融机构的窗口指导,年初出台《关于开展"金融支持经济转型

升级服务年"活动的通知》(杭银发〔2013〕55号),在浙江省人民银行系统和金融机构中开展"金融支持经济转型升级服务年"活动,要求金融机构优化支农信贷资金配置,突出支农信贷投放重点,支持农业现代化。出台《关于2013年浙江省货币信贷工作的指导意见》(杭银发〔2013〕53号),召开货币信贷政策通报会和信贷形势分析座谈会,向金融机构传达金融支农政策导向,要求金融机构围绕浙江省农田水利建设、农业"两区"建设、农民创业增收、农业科技创新、农村住房改造等新农村建设重点环节,加大支农信贷投入,继续保持浙江省涉农贷款较快增长。联合省建设厅制定出台《关于金融支持浙江省新型城市化建设的指导意见》(杭银发〔2013〕130号),引导金融机构提升城市化金融服务水平。

二是综合运用货币政策工具提高金融支农能力。中国人民银行杭州中心支行综合运用有差别的存款准备金率、支农再贷款、再贴现等货币政策工具,引导金融机构加大对县域和中心镇地区的信贷投放。制定下发《浙江省短期再贷款管理实施细则》(杭银发〔2013〕37号),引导金融机构扩大支农惠农力度。截至2013年6月末,累计向浙江省农村合作金融机构和城市商业银行发放支农再贷款22.4亿元。加大对涉农票据、县域企业及中小金融机构的再贴现支持,引导金融机构扩大涉农企业票据融资,累计办理再贴现10.3亿元。对浙江省29家农村合作金融机构执行比同类金融机构正常标准低1个百分点的存款准备金率,为金融机构支持"三农"和小微企业提供了有效的流动性支持。

三是开展农业贷款风险补偿。中国人民银行杭州中心支行联合浙江省财政厅持续开展农业贷款风险补偿工作,2008—2012年,省财政共核拨农村合作金融机构农业贷款风险补偿资金1.17亿元,有效撬动农村合作金融系统农户和农村经济组织农林牧渔业贷款310亿元。2013年,人民银行杭州中心支行联合省财政厅继续开展农业贷款风险补偿工作,认真开展浙江省2012年度农业贷款风险补偿审核工作,对农村合作金融机构涉农贷款新增量按0.5%的比例给予风险补偿。

四是支持新型金融机构或组织发展。中国人民银行杭州中心支行等金融管理部门积极推动新型农村金融组织发展,支持浙江省小贷公司试点工作,督促其不断提高自身内部管理水平,完善内控机制和风险控制管理,加强依法合规经营,实现健康可持续发展。截至2013年6月末,浙江省已设立小贷公司299家,贷款余额 823.5 亿元。此外,省财政还积极为省内各地开设新型农村金融机构提供财政支持。2009—2012 年,省财政安排省级补助资金 4190 万元,对小贷公司的涉农贷款和其他领域的小额贷款给予了风险补偿;为支持浙江省村镇银行、农村资金互助社等新型农村金融机构发展,2009—2012 年,浙江省累计争取中央财政定向费用补贴资金 5.82 亿元。财政资金的支持促进新型金融机构服务"三农"的实力进一步增强,增设网点的积极性进一步提高。

十、丽水市农村金融改革稳步推进

2012 年 3 月 30 日,中国人民银行、浙江省人民政府联合印发了《关于在浙江省丽水市开展农村金融改革试点工作的通知》(银发〔2012〕82 号)并批准实施《丽水市农村金融改革试点方案》。改革试点以来,在中国人民银行和浙江省政府的组织领导下,丽水市农村金融改革取得了显著成效,目前各项改革工作正在稳步推进。

(一)三大亮点工程持续深化

一是深化信贷支农工程。全面推进林权抵押贷款扩面增量保质工作,不断完善制度、机制和产品,逐步形成林权抵押贷款的"丽水模式"。截至 2013 年 9 月末,丽水市累计发放林权抵押贷款 10.22 万笔、81.7 亿元,贷款余额 33.03 亿元,居全省首位,惠及林农 20 余万,不良贷款率仅为 0.19%。二是深化信用惠农工程。稳步推进农户、社区居民和中小企业"三位一体"的社会信用体系建设,探索开展"城乡一体化"的信用体系建设。截至 2013 年 9 月末,丽水市已成功创建县级信用村(社区)758 个,信用乡(镇、街道)28 个;市级信用村(社区)430 个,信用乡(镇、街道)23 个;目前正在申报创建省级信用村(社区)30 个,信用乡(镇、街道)16 个;评定信用农户 37.71 万户,其中,共有 22.56 万信用农户累计获得 224 亿元贷款。三是深化支付便农工程。全面推广银行卡助农取款服务,切实解决偏远地区农民支取小额现金难问题。截至 2013 年 9 月末,丽水市在 2114 个行政村设立了助农取款服务点,已覆盖所有符合条件且有需求的行政村,累计办理小额取现业务 67.16 万笔、金额 1.67 亿元,代理转账业务 2.41 万笔、金额

1498.85 万元,惠及 130 余万农民。

(二)农村金融产品不断丰富

一是创新涉农信贷产品。引导各金融机构创新推出石雕抵押贷款、农副产品仓单质押贷款及农民工创业扶持贷款(农家乐、来料加工、农村电子商务、青年信用示范户创业贷款等特色信贷产品)。截至 2013 年 9 月末,已累计发放此类贷款 15 亿元。同时,积极开展依托农户信用信息数据库的"集中授信、整体批发"小额农贷业务试点,进一步加大金融支农力度。截至 2013 年 9 月末,丽水市已有 516 个行政村开办了该项业务,为信用农户提供授信 24.29 亿元。此外,积极推动特色养殖订单农业试点工作,为金融支持农业产业化发展奠定了良好的基础。二是创新银保合作信贷产品。积极推动银行机构与保险机构合作开展农村担保业务,推出丽水市首款银保合作金融产品"易保贷"。景宁县采取银证保合作模式率先开展低收入农户扶贫贷款项目试点,截至 2013 年 9 月末,共为 1970 户低收入农户发放 1933 万元扶贫贷款。三是积极发展企业债务融资产品。以"区域集优"债务融资模式为突破口,积极拓展中小企业直接融资渠道,目前已有 2 家企业拟通过银行间债券市场发行丽水市首只中小企业集合票据 1 亿元、2 家企业发行中小企业私募债 1.7 亿元。

(三)金融基础服务体系日益完善

一是推进农村金融组织发展。在加快组建丽水农村商业银行的同时,稳步发展村镇银行、小贷公司、农村资金互助社等新型农村金融组织,推动已开业的村镇银行向下延伸机构网点。目前,已设立村镇银行 7 家、小贷公司 15 家及农村资金互助社 1 家,并正在筹建 2 家村镇银行和 5 家小贷公司,初步实现各县(市、区)新型农村金融组织全覆盖;并以推动莲都农村合作银行向农村商业银行改制工作为突破口,加快农村合作金融机构改革;同时,组建了 1478 家集小额取款服务站、反假货币工作站、金融消费者权益保护站、农户基本信用信息采集服务站、金融宣传工作站、"三农"贷款保险证券协办站等六位一体的多功能农村金融服务站,进一步完善农村支付结算体系。此外,全力推进全市政府财政出资、行业协会组建、商业性运作、村级担保基金等四个层次的农村担保体系建设。二是推进县域外汇服务创新发展。以丽水市被国家外汇管理局列入本外币特许经营试点城市为契机,推动设立了浙江省第二家货币兑换公司(渤海汇通兑换公司),并设立全国首个村级外币兑换点,为青田侨民提供了优质便捷的本外币代兑服务,累计办理代兑业务 7 万余笔,金额 3 亿美元。

(本报告由中国人民银行杭州中心支行提供)

第九章 小微企业融资的制度
约束及政策思考

一、小微企业融资制度约束的研究背景

作为经济社会普遍存在的现象,小微企业融资难问题长期以来受到各界的广为关注。客观存在的供需失衡或融资缺口,不仅对小微企业的成长造成严重阻碍,制约实体经济增长和效率提升,而且小微企业财务的脆弱性往往诱致企业财务危机,并透过资金链向信用体系传导。在经济下行期,伴随着订单减少、效益下滑、成本上升,企业资金链趋紧,其受到的融资约束也愈加明显。尽管近年来,小微企业融资问题在我国日益受到关注,围绕改善小微企业金融服务的政策措施也陆续出台,特别是作为小微企业资金供给主体的银行业,在服务小微企业方面的理念不断深化,模式不断创新,信贷倾斜力度不断加大[①],针对小微企业的金融产品层出不穷;但随着时间的推移,小微企业融资领域固有的制度约束日渐凸显,而且呈现一些新的特征:如信息不对称方面,信息共享机制建设的滞后制约了银行机构小微企业贷款由零售向批发模式的转型(这种转型是解决小微贷款成本高的有效途径);银行对企业主参与民间融资等信息缺失,增大了银行放贷的难度;银行为破解小微企业抵押担保难而创新的联保贷款也因企业多头受信、多头担保而风险凸现。特别是 2011 年以来,浙江温州发生的企业主"跑路"潮以及随后持续蔓延、扩散的企业担保链风险,骤然将浙江银行业推向了全

---

① 截至 2012 年 11 月末,浙江银行业小微企业贷款余额较有可比数据的 2009 年 3 月增长 2.1 倍,高于全部贷款增长 1.8 倍的水平;小微企业贷款余额全部贷款比由 250.8% 升至 36.8%,增量占比由 19.4% 升至 44.7%。

国不良贷款反弹的"主战场",虽然形成的因素异常复杂,但融资约束始终是触发点。小微企业融资面临固有体制、机制的挑战,市场失效亟待政府"有形之手"调控,制度创新显得尤为迫切。基于此,本文拟从小微企业融资的制度约束出发,探索研究小微企业融资制度创新的路径,并提出相关政策建议。

二、小微企业融资制度约束的文献综述

关于中小企业融资供给约束的研究,最早可追溯至 1929 年英国金融产业委员会发布的《麦克米伦报告》。该报告指出,由于中小企业需要的融资额高出金融体系愿意提供的额度,即存在"麦克米伦缺口"[①](MacmilanGap)或"金融缺口"(Finance Gap),因此大量的中小企业融资得不到满足。学术界普遍认为信息不对称是造成"金融缺口"的最主要原因,由于中小企业信息透明度差,银行和中小企业信息不对等,银行很难对贷款申请者的未来发展前景和还贷风险做出准确判断,导致银行的信息成本、监督成本和坏账风险急剧上升,因而降低了银行向中小企业贷款的积极性,促使银行实施信贷配给。

在信贷配给领域的研究最经典的当属 Stiglitz 和 Weiss(1981)的 S—W 模型,该理论较圆满地解释了银行信贷配给现象。Stiglitz 和 Weiss 认为,当面临对贷款的超额需求且无法分辨单个借款人风险时,银行为避免逆向选择,不会进一步提高利率,而会在一个低于竞争性均衡利率但能使银行预期收益最大化的利率水平上对贷款申请者实行配给。在配给中得不到贷款的申请人即使愿意出更高利率也不会被批准,因为出高价的借款人可能选择高风险项目,降低银行的平均资产质量。Whette(1983)改变了 S—W 模型关于借款人为风险厌恶者的假设条件,提出在借款人风险中性的条件下,抵押品同利率一样可能引起逆向选择,减少银行的期望收益,因而同样可以成为信贷配给的内生机制。国内学者关于中小企业融资问题的研究也多从信息不对称角度出发,以信贷配给理论为基

---

① 1929 年,为了摆脱当时经济危机的困扰提出的,英国金融产业委员会在其发布的《麦克米伦报告》中,由于中小企业需要的融资额高于金融体系愿意提供的额度,即存在"麦克米伦缺口"(MacmilanGap),因此大量的中小企业融资得不到满足,限制了中小企业发展。因该概念由英国的麦克米伦爵士首次提出而得名,又称"金融缺口"。

础。张维迎(1997)认为资本市场上存在投资项目质量、投资项目选择与企业家经营能力等信息不对称造成了中小企业融资难。樊纲(1998)认为,中小企业出于生存和竞争考虑具有强烈隐瞒信息的偏好,信息不对称加大了中小企业信贷融资的难度。林毅夫、李永军(2001)指出,中小企业具有利用其信息优势在事先的谈判、合同签订过程或事后资金使用过程中损害银行利益的激励。杨丰来、黄永航(2006)认为,由于小企业所有权与控制权结合紧密,缺乏对股东的制约,道德风险较大企业更为严重,因此银行在信贷资金的配给上倾向于大企业而排斥小企业。

围绕中小企业现实存在的融资约束问题,很多学者提出了解决方案。Helmut Bester(1985)认为引入抵押机制可以在一定程度上降低信息不对称,实现信贷均衡。Berger(1998)、Udell(2002)基于信贷配给现象提出了关系型贷款理论,分析了大银行和小银行在发放中小企业贷款方面的优劣,认为中小金融机构在获取软信息、解决中小企业融资方面具有优势。国内学者曹凤岐(2001)提出通过建立信贷担保体系来解决中小企业融资,并认为政府在担保体系建立过程中应发挥主导作用。林毅夫和李永军(2001)、李志赟(2002)、张捷(2002)等人从不同角度提出了通过发展中小金融机构来克服信息不对称的思路。范飞龙(2002)提出通过信用体系建设来向投资者传递良好的信用能力是解决中小企业融资难的关键。史本山和郭彩虹(2004)认为要解决中小企业融资难问题关键在于建立良好的信息传导机制。吴洁(2006)认为管理层次少、决策权分散的小银行在基于企业软信息发放关系型贷款方面拥有比较优势。

上述学术观点,无论是对中小企业融资困境的分析还是解决方案的探索,最核心的内容是信息不对称问题,相关问题的探讨最终也落脚于信息,基于信息非对称性对市场运行影响的不对称信息理论也营运而生。George Akerlof、M. spence 和 J. E. Stigliz 三人的理论成为现代信息经济学的核心。之后,以科斯、阿尔钦、威廉姆森、诺斯、德姆塞茨和张五常为主的新制度经济学派把存在信息不完备、交易成本等情况的经济现象纳入自己的研究领域,强调制度在经济学中的重要作用。因此,学术界通常将信息不对称原理和制度经济学中的制度性约束理论结合起来解释经济现象问题。按照信息经济学和制度经济学的观点,信息与制度的关系密不可分,制度具有非常重要的创造信息的功能,任何制度安排都必须解决信息问题。张维迎(2001)认为,制度之所以重要就是因为信息是不对称的。因此,从现有的融资制度及相关配套制度入手,通过制度创新,解决中小企业融资领域信息不对称问题,应该说是牵住了问题的"牛鼻子"。

另外,在开始对相关融资问题的分析之前,笔者认为有必要做一探讨:在分析相关融资问题时是使用"中小企业"还是"小微企业"的概念?因为几乎所有的相关文献都一直沿用中小企业的概念,也鲜有学者予以纠正;而现实的情况是,中小企业占全部企业的比例达 99.7%,且中小企业贷款占全部贷款的比重实际已较高,浙江中小企业贷款(含个人经营性贷款)已占全部贷款的 81.9%,这一比例使中小企业融资难问题略显牵强。特别是在县域,银行机构服务的对象几乎均为中小企业,又何谈对中小企业的信贷配给?本文认为,笼统地分析中小企业问题,既没有实际意义,更不利于相关制度安排的探讨,如风险补偿、差异化的政策等。因此,除个别之处外,本文将以小微企业为分析对象。

三、小微企业融资供需失衡的理论分析

在我国,小微企业融资缺口总体上表现为资金供需失衡问题。基于信息不对称的资金逐利避险供给模式与小微企业固有强微弱质[①]性的矛盾,客观上导致了小微企业融资领域长期存在的供需失衡,主要表现为融资渠道失衡、供需总量失衡和供给结构失衡。依据浙江银监局 2012 年对 1000 户中小企业融资状况的调查[②],小微企业面临的供需失衡确实存在,而且一定程度上表现为信贷配给。导致信贷配给的因素,主要缘于小微企业自身存在的融资短板,包括信息不透明、缺乏有效抵押物、自身积累能力弱、经营行为不规范等,总体上表现为小微企业融资市场制度安排的缺陷。

(一)小微企业融资渠道的不平衡

企业融资渠道总体上分为内源融资和外源融资。内源融资主要来源于企业内部自然形成的现金流,它等于净利润加上折旧减股利。外源融资是指企业通

---

① 白钦先、薛誉华:《各国中小企业政策性金融体系比较》,中国金融出版社 2001 年版
② 相关资料来源于《2012 年上半年浙江中小企业融资状况调查报告》。

过一定方式向企业之外的其他经济主体筹集资金,可分为间接融资(即银行贷款)和直接融资(发行股票、企业债券以及企业之间的商业信用、融资租赁等)。融资渠道的失衡,主要指即内源融资与外源融资(间接融资和直接融资)不平衡,表现为小企业自身积累能力弱、内源融资偏低;外源融资方面,过度依赖间接融资即银行贷款。按照企业金融成长周期理论[①],伴随着企业成长周期而发生的信息约束条件、企业规模和资金需求的变化,是影响企业融资结构变化的基本因素。优序融资理论以不对称信息理论为基础,考虑交易成本的存在,认为企业融资一般会遵循内源融资—债务融资—权益融资这样的先后顺序。

实际情况是,我国的中小企业并未遵循这一优序。表现为内源融资能力偏弱,而外源融资以间接融资即银行贷款为最主要渠道。调查表明,反映资金紧张企业,其主要原因是经营状况恶化导致企业自有现金流减少,包括销售货款回收慢(62.2%)、原材料资金占用增加(59.2%)、经营利润下滑(34.9%)、产品销售不畅(29.4%)等,说明企业内源融资很有限甚至负增长。这其中既有企业自身产业层次低、积累能力弱的问题,也有税收方面的因素。在企业外源融资方面,通过银行贷款融资的企业比例为49.5%。其他主要融资方式还包括定金及预收款、向股东借款、民间融资、债券市场融资等(见图9-1)。

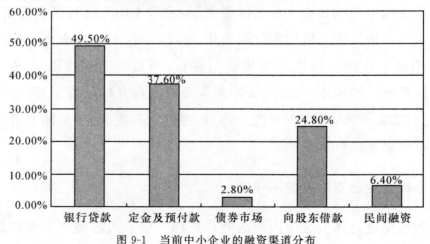

图 9-1　当前中小企业的融资渠道分布

资料来源:《2012 年上半年浙江中小企业融资状况调查报告》。

---

①　该理论认为,企业金融与企业发展是共生的,企业金融成长周期与企业生命周期也是共生的。企业发展的不同阶段性决定了企业的金融需求特性,即企业金融周期与企业生命周期相一致。

正是这种渠道失衡的融资格局导致了在中小企业融资领域的一种思维定式或者误区:认为中小微企业融资难,责任主要在银行,只要银行大力放贷,问题即可迎刃而解。实际上,小微企业因信息不透明、缺乏有效抵押资产等缺陷,以及普遍存在的长期性资金来源缺乏,理论上应更多地依赖直接融资。西方发达国家企业直接融资比例一般在 50% 以上,而我国企业直接融资不足 20% 左右。从 2005—2010 年全国社会融资情况看,通过直接融资呈水平线的走势与贷款的快速增长形成明显反差(见图 9-2)。2012 年上半年,全国社会融资总量为 7.78 亿元[①],其中人民币贷款占融资总量的 62.4%,企业债券、股票融资分别仅占 10.6% 和 1.97%。

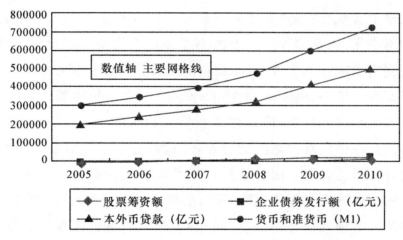

图 9-2　2005—2010 年全国社会融资情况

数据来源:根据《中国统计年鉴》整理。

(二)信贷供需总量的不平衡

这一问题实际上与融资渠道失衡问题是直接关联的。在主要依赖银行间接融资格局下,小微企业融资在供需总量上失衡是自然在所难免,而且这种失衡是一种跛行失衡状态,即供给长期满足不了需求,也正好印证了"麦克米伦缺口"的客观存在。调查表明,被调查企业中,认为目前资金紧张的比例为 46.4%。分类型看,规模越小的企业资金紧张情况越普遍,中型、小型、微型企业中资金紧张

---

① 中国人民银行网站,2012 年上半年金融统计数据报告。

的比例分别为 22.2％、41.9％和 56.1％。认为目前银行融资很难和较难的比例分别为 9.8％和 27.3％，另有 25％的企业认为银行融资不难。其中，微型企业融资难度相对较大，有 58.2％的微型企业认为银行融资很难或较难。样本企业平均资产负债率 73.5％，比年初上升 11.1 个百分点。从浙江情况看，300 多万家企业，即使按户均 500 万融资需求粗略估算（实际上大中型企业融资额度远高于此），需要的融资总量至少在 15 万亿元，远远超出目前 5.7 万亿元的信贷总供给，因此完全依赖银行间接融资显然是不现实的。

（三）信贷供需结构的不平衡

除了总量上客观存在的"麦克米伦缺口"外，在小微企业信贷融资方面还存在结构上的不平衡，而且这种结构上的不平衡或许更加难以化解。这种结构性不平衡问题突出表现在三个方面，即信贷配给、期限错配、服务错位。

1. 信贷配给。按照 Stiglitz 和 Weiss 的观点，在信贷市场上，作为贷款供给方的银行不仅关心贷款利率，而且更关心贷款的风险程度。信贷市场贷款项目风险程度的信息在借贷双方之间的分布不对称，在贷款发放前或贷款发放后会出现逆向选择和道德风险。由于融资市场参与者之间客观存在的信息不对称，及因此出现的逆向选择与道德风险，采取信贷配给来规避风险、保障自身收益无疑是资金供给方的理性选择。信贷配给必然导致信贷资源配置向大企业、优质企业倾斜，形成大企业过度融资、资金过剩与小微企业融资难并存。

调查结果显示，中小企业信贷融资障碍主要来自自身行为不规范导致（或加剧）的信息不对称。银行拒绝的小企业贷款申请案例表明，企业过度负债（包括过度对外担保、涉足民间融资等）、多头投资、盲目扩张、跨行业经营等冒险行为及其带来的信息不对称加剧，以及财务状况恶化、抵押担保条件弱化等（见表9-1），是导致银行采取信贷配给措施的主要因素。

所有被调查企业中，关于中小企业融资面临的主要障碍，72.8％的企业提到难以满足银行在财务指标、信用等级、抵押担保等方面的准入要求。而中小企业融资中普遍存在的多头授信、连环互保、参与民间融资现象，无疑加剧了信息不对称，进一步增强银行信贷配给的意愿。样本企业近年以来为其他企业提供过融资担保，或接受过其他企业担保的比例达到了 60.1％。目前，担保问题对中小企业融资的影响仍然十分明显。2012 年共有 14.9％的企业因找不到担保机构（人），而无法获得银行贷款；有 8.4％的企业因原有担保企业出现问题，或是被自己担保的企业出现问题，而造成自身融资困难。

表 9-1　中小企业融资案例原因分析

案例类别及涉及企业数	造成融资问题的企业因素	原因数量（家次）	因素占比（％）
新客户审批未通过（150 家）	企业财务状况不佳或经营恶化（处于停产状态）	32	21.33
	过度负债（含涉足民间借贷、对外担保）	44	29.33
	多头投资、盲目扩张、跨行业经营	35	23.33
	贷款用途不明（主业无真实需求，用于对外投资）	43	28.67
	企业产品技术含量低、无销路、无市场；从事行业为两高一剩或受国家调控行业（高污染、高能耗、房地产及关联等）	28	18.67
	企业资信存在瑕疵（有能力而不愿提供抵押、担保，及银行授信所需信息），包括企业主自身素质存在瑕疵（有赌博、参与高利贷等不良行为）	27	18.00
	缺乏有效抵押和担保	28	18.67
	其他原因	21	14.00
存量客户续授信额度压缩（133 家）	经营状况发生不利变化（销售下降、利润减少）	47	35.34
	担保条件弱化（抵押价值减少、变更担保、担保企业出现风险等）	49	36.84
	盲目投资、跨行业经营	18	13.53
	改变贷款用途、将贷款挪为他用	15	11.28
	过度负债（含涉足民间借贷、对外担保）；担保与被担保企业资金链出现问题	31	23.31
	企业主自身素质存在瑕疵（有赌博、参与高利贷等不良行为）	4	3.01
	其他原因	25	18.80
存量客户续授信审批未通过（119 家）	过度负债（含涉足民间借贷、对外担保）；担保与被担保企业资金链出现问题	48	40.34
	贷款用途不明（主业无真实需求，用于对外投资）	15	12.61
	改变贷款用途、将贷款挪为他用	17	14.29
	贷款本息出现逾期、欠息	10	8.40
	经营状况恶化	26	21.85
	未能提供有效担保	14	11.76
	其他原因	34	28.57
授信到期后企业未申请（137 家）	已获得其他融资渠道（费用更低、便捷）	32	23.36
	自身资金充裕，不需要贷款	46	33.58
	经营收缩，资金需求减少无需再贷款	20	14.60
	无法提供有效担保	10	7.30
	企业经营恶化或财务恶化，无法满足银行授信条件	8	5.84
	其他原因	21	15.33

资料来源：浙江银监局 2012 年企业融资状况调查（对 539 例银行贷款案例分析）。

2. 期限错配。现实存在的银行贷款期限与企业生产经营周期的错配，实际上也是信贷配给的表现形式。如前所述，"麦克米伦缺口"更多地表现为长期性资金的缺乏。从弥补小微企业长期性资金"麦克米伦缺口"角度看，银行机构客观存在的流动性约束，决定其不会过多地将资金配置在长期贷款上。因此，尽管小微企业最为缺乏的是长期性资金来源，但是目前银行机构在贷款期限的确定上，比较简单、机械、划一，没有充分考虑小微企业的生产经营的特点、节奏和周期等因素，期限错配现象仍较普遍。对小微企业的贷款期限一般在一年以内，鲜有银行向小微企业提供基建和技改贷款等长期性的融资。从银行的角度看，由于对企业的发展前景、甚至真实的财务状况把握不准，信息不透明，客观上存在缩短贷款期限、通过多次周转测试借款企业的还款能力以降低风险的动机，因此通过期限错配的形式来实施信贷配给。当然，其中也包含银行满足自身流动性的考虑，以及满足信贷规模调控的需要。为了满足长期性资金需求，一些企业不得不采取短期贷款多次周转的方式，形成实质上的短贷长用，并往往需要通过其他渠道包括民间融资获得掉头资金，从而增加了融资成本。

3. 服务错位。表现为银行服务小微企业层次上的错位，因此形成局部信贷有效需求不足与个体小微企业融资难的矛盾。目前，小微企业金融服务的格局是，无论大型国有银行、政策性银行，还是中小型商业银行、农村中小金融机构，都在程度不一地、自觉或被动地介入小微企业金融服务领域，但介入的深浅以及介入的方式都应依机构规模大小不同、管理能力不同、技术水平不同而有所差异。由于对小微企业的划型标准一直处于模糊、频繁变更状态，银行机构对小微企业的理解、划分和统计比较混乱，有的银行甚至有几个口径。即使 2011 年国家四部委出台了新的企业划型标准，其标准设定的科学、合理性仍存在诸多需要探讨的方面，如工业企业人数 20 人以下或营业收入 300 万以下划入微型企业，对于一些高科技型、平台型的企业并不合理，这类企业虽然人数少，但其实际拥有的资产规模、实现的营业收入比较大，显然应划入更高一个层次。企业划型标准的欠缺带来了银行理解上的混乱，在实际操作上表现为小微企业服务层次的整体上移。其结果是，银行对小微企业提供的信贷支持总体上集中在小微企业的上层即规模相对较大、资质相对较好的企业，甚至实际上属于中型以上的企业，而较少涉足小微企业的底层企业。这种格局必然导致，一方面对小微企业中的上层企业过度授信,形成局部有效需求的不足;另一方面,更多的处于小微企业底层的企业,嗷嗷待哺,处于资金饥饿状态。上述调查的结果也表明,当前反映融资难的中小企业主要集中在小微企业。

四、当前小微企业融资领域存在的制度约束

当前我国小微企业融资所呈现的上述供需失衡状态,虽然诱因较多,但根源在于存在相关制度约束,即在小微企业融资的供需及其配套环境的建设方面,缺乏一种有效的制度安排。从小微企业融资结构所彰显的缺陷看,内源融资不足的根源包括两个方面:一是企业自身积累能力弱,反映了企业管理者素质、经营管理水平,关乎企业产权制度的重构。由于没有建立长期的企业发展战略,企业经营行为短期化,忽视了资本的长期积累。二是来自财政税收方面的制度供给短缺,包括税收、折旧等制度安排,导致小微企业负担重。小微企业在直接融资领域的弱势,反映了我国资本市场尚不完善,资本市场准入门槛较高,小微企业一般难以从资本市场满足其资金需求;也某种程度上暴露了小微企业在产权制度方面的缺陷。小微企业的股权结构集中在创业者手中,向公众发行股票会导致创业家族对企业控制权的稀释乃至丧失。同时小微企业治理结构的不完善也难以符合资本市场严格的信息披露机制要求。从小微企业的信贷融资看,客观存在的信贷配给反映了整个社会信息供给的缺陷,也反映了银行、小微企业的各自行为模式的碰撞。上述制度缺陷对小微企业金融服务形成了四个方面的约束。

(一)企业信息共享机制缺失,增大了银行开展小微企业贷款的交易成本

信息不对称是小微企业融资约束的核心问题。银行与小微企业信息不对称,不仅使银行面临的潜在风险增大,降低了银行预期收益,而且增大了银行的筛选成本和监督成本。银行要降低成本,批量化营销被公认为是有效的途径之一。但目前银行面临的一个共同难题是,小微企业的各种信息资源散落于不同的政府管理部门,在现行的信息结构下,由于缺乏统一、有效的企业信息共享制度安排,银行难以通过正常、稳定、统一的渠道,直接从政府相关部门获取借款企

业的信息,从而制约了小微企业信贷业务的拓展。企业信息共享难的根源在于部门利益,一些部门出于自身商业利益,或以维护商业秘密或涉及部门机密为由,不愿将拥有的、本属于公共资源的企业信息与其他部门、与银行共享,人为造成了企业信息的分割,极大地制约了银行小微企业金融服务的持续推进。一是信息"非自主采集"影响客观准确性。除企业及企业主信用记录、企业涉诉情况可通过人民银行征信系统、全国法院网或省法院执行网等直接查询外,其他诸如税务、海关、用水、用电、环评和排污许可、房产评估等信息等多依赖借款企业从相关政府部门提取、自行提供或委托开具,或通过私人关系渠道零星获得,其真实、准确和客观性必然受影响。二是信息"有偿化"增加了银行及小微企业财务成本。如银行在贷前及贷后跟踪通过征信系统查询借款企业及担保企业的贷款、应收款质押等信息时,需按查询次数依规定基准服务费标准缴纳费用(目前为企业 100 元/份,个人 8 元/份),对贷款金额小、联保较多的小微企业贷款而言是一项不低的财务成本,甚至接近盈亏平衡点;而银行自身无法直接采集的税务、海关、工商等信息也往往需要企业自行以有偿方式从管理部门取得,直接增加了小微企业财务成本。

(二)相关公共配套机制缺失制约了抵质押物信息甄别功能的发挥

抵押品的信息甄别机制使之成为并列于信息不对称的均衡信贷配给的内生决策变量。在对小微企业资信缺乏足够信息支撑情况下,抵押品无疑是银行实现风险缓释或弥补风险损失的有效依托。银企双方围绕抵押品诉求的反差,使得抵押品问题成为小微企业信贷领域最突出的矛盾,而缓解这一矛盾、实现银企互赢的出路在于抵押品的创新。但由于相关公共配套政策的滞后,银行在抵质押品方面的创新也面临诸多制约。一是抵押登记流程复杂、效率低。目前专利权、版权、商标权等知识产权质押都需要到北京相关部门办理登记,不仅办理手续较为复杂,办理流程也相对较长,对于经营规模和融资金额都不大的小微企业来说成本过高。二是相关中介服务组织发展滞后,为银行抵质押信贷活动提供银企对接、资信核查、评估等中介服务机构发展总体滞后且良莠不齐,这既增加了企业成本和银行风险,也在一定程度上阻碍了新型抵质押贷款产品的推广。三是动产质押监管滞后,加大了动产质押风险。由于动产出质后质押物仍存于原仓库中,在当前第三方监管机构管理粗放的情况下,极易发生同一动产重复质押,或质押物未经质权人同意而被转移、挪用的情况,使银行权益难以得到保障。

(三)信贷管理制度安排的弊端制约小微企业信贷创新

小微企业信贷融资领域的信息不对称,不仅存在于银行和小微企业之间,还存在于银行所有者和管理者,上层管理者和下层管理者之间。信息不对称所导致的管理者偷懒和在职务行为中谋取个人私利的问题。这种信息不对称从体系内加剧了小微企业信贷融资约束。由于银行管理理念、顶层设计方面的不科学,特别是银行股东层一味追求高回报的利益取向,银行在激励约束机制方面始终难以走出高利润、低风险容忍的樊篱,体现在激励和约束机制方面的不对称,即惩戒往往大于激励。这一弊端使基层经理缺乏努力筛选和监督小微企业客户的积极性,要么影响小微企业信贷业务的拓展,要么导致小微企业贷款质量差、信息利用率低。

作为理性的经济人,基层经理对贷款客户的筛选取决于该项业务能否为其带来效用增加或避免负效用产生。假设银行在小微信贷领域的激励约束安排是:当贷款本息正常收回时给予客户经理相当于经济增加值的奖励系数为 $\alpha(0 \leqslant \alpha \leqslant 1)$,贷款出现风险并造成损失时给予相当于贷款损失的惩戒系数为 $\beta(0 \leqslant \beta \leqslant 1)$,且 $\alpha \leqslant \beta$。假定一笔小微贷款为 L,利率为 r,期限为 n,经济资本占用率为 $\eta(0 \leqslant \eta \leqslant 1)$,企业违约概率为 P,贷款正常收回带来的经济增加值为 $f(r,l,n,\eta)$,企业提供的抵押品价值为 v,假定市场利率为 i,贷款出现坏账带来的净损失 $f(i,n,l,v)$。则基层经理的期望效用模型为:

$$E \prod = \alpha f(r,L,n,\eta)(1-P) - \beta f(i,n,l,v)P$$

当 $E \prod \leqslant 0$ 时(由于 $\alpha \leqslant \beta$,出现这种情况的概率也比较大),微弱的激励因素与过强的惩戒因素使基层经理缺乏信息生产的积极性,"慎贷""惧贷"成为其必然选择。银行因此损失一些原本优良的小微企业客户和盈利机会。同时,由于抵押品 V、贷款期限 n 均为 $f(I,n,l,v)$ 的负因子,为实现 $E \prod \geqslant 0$,基层客户经理就存在增加抵押品或缩短贷款期限,这就形成了小微企业信贷领域抵押担保瓶颈和贷款期限与企业需求的错配,使银行经营层在贷款定价、贷款方式、还款方式和不良容忍度等方面的制度设计与小微企业"短、小、频、急"融资需求比较存在较大的不适应性。这种不适应性表现为当前小微企业信贷融资领域的突出矛盾：一方面，基于"抵押为本"信贷理念的贷款方式与小微企业缺乏有效抵押担保之短板的矛盾。目前，银行机构对小微企业的贷款方式绝大多数为抵押担保。正是这种过于依赖抵押担保的贷款方式，将许多小微企业挡在了银行大门外。因此，创新贷款方式对银行业而言已刻不容缓。另一方面，基于贷款期限错配的还款方式与小微企业生产经营及资金流转特点的矛盾。目前，在小微企业还款方式上，大多银行设定为到期一次性还本，并要求先还后贷。这种还款方式增加了小微企业融资的不确定性和到期流动性压力，给小微企业资金调度带来较大困难，部分小微企业需提前较长时间筹集还款资金，因此错失最佳生产经营投资机会，甚至通过民间借贷等渠道高息借入转贷资金，既导致企业的财务成本上升，也间接加大了银行的信贷风险。因此，非对称的激励约束机制成为小微企业贷款方式和还款方式创新的主要制度约束，而改变这种状况的出路在于商业银行顶层设计的制度创新。

（四）信用担保体系建设滞后，抑制了小微企业通过担保增信、获取银行信贷支持的空间

借助融资担保机构的信用增级功能，帮助小微企业恢复和增强信用以获得银行的信贷支持，是国际上弥补因市场失灵导致小微企业融资失衡的一种通行做法。在信用担保机构设立和运行的宗旨上，许多国家大都定位为"克服信用等级低、抵押物少对中小企业融资的不利影响，帮助中小企业获得与大企业基本平等的信贷供给条件"。可以说，融资担保体系是小微企业融资领域不可或缺的组成部分，特别是在经济下行、企业可抵押资产严重缩水背景下，信用担保的作用尤其突出。

从目前我国信用担保体系发展的状况看，无论是信用担保体系的总体架构建设，还是信用担保机构运作机制的完善性、与银行合作的深度与广度等方面，均存在不尽如人意的方面。表现为：一是担保机构的规模总体偏小，抗风险能力较弱。从浙江的情况看，2011 年年末全省信用担保机构平均担保资本金仅 5400

万元,其中担保资本金在 5000 万以下的占 56.1%,1 亿元以上的仅占 15%。[①]
由于大部分担保机构存在先天不足,经营规模偏小,业务领域狭窄,相对于所承担的高风险性,担保机构经营收入覆盖风险能力较弱。二是担保机构良莠不齐,部分机构运作不规范。在实际操作中,大多数担保机构,特别是商业性担保机构要求被担保企业提供反担保,这不仅无助于解决小微企业融资难问题,而且使小微企业向担保机构提出的担保申请变得多余。部分担保机构挂担保之名而不做担保业务,甚至从事非法集资、高息放款等不正当业务,产生债务纠纷导致担保机构运营困难,对担保行业健康发展产生较大的负面影响。三是银行与担保机构合作的广度和深度均较欠缺。表现为放担保放大倍数偏小,缺乏合理的风险分担机制,信用担保机构的增信功能发挥不充分。据浙江省中小企业局数据显示,2003 年放大倍数还比较高(7.4 倍),近几年则呈逐年降低趋势;2011 年年末全省融资性担保公司平均放大倍数为 3.13。[②]在风险分担方面,378 家担保机构中,风险全部由担保机构独家承担的 347 家,占 91.8%;而国际通行的做法是,信用担保机构承担风险的比例一般在 70% 左右。

信用担保体系运行存在的问题,实际上很多都是相互作用的。如银行与担保机构的合作意愿与担保机构的运作不规范问题,担保机构运作的不规范导致银行与其合作顾虑甚多,在放大倍数及风险分担方面均控制较严,这反过来又使担保公司现行的商业模式难以持续,客观上诱致其偏离主业、违规经营的现象发生。而问题的根源乃在于相关法律制度建设的约束。由于相关法律和制度建设滞后,难以有效调节担保领域的银行与担保机构风险分担等相关关系,制约了信用担保体系的商业可持续。

五、小微企业融资制度创新的初步构想

从制度经济学和信息经济学角度看,小微企业信贷融资本质上是银企之间在信贷市场上的博弈,这种博弈发端于一定的制度安排,并受一系列特殊制度障碍的约束。只有通过制度创新,充分调动各种金融资源要素,使小微企业信贷供

---

①②《浙江省融资性担保行业 2011 年度发展报告》。

给边界不断扩大,才能从根本上解决小微企业融资问题。核心是要解决当前小微企业突出的信息瓶颈、信心瓶颈[①]、担保瓶颈、管理瓶颈及相关制度瓶颈,从内源性融资,外源性融资的直接、间接融资三方面着手,修筑资金渠道,凿平融资障碍,打造融资环境。

(一)运用政府"有形之手"的调节功能,构建小微企业融资的政策支撑体系

小微企业融资难作为世界范围内普遍存在的现象,其实质是一种市场失灵。各国政府为缓解这一问题,首选手段是提供政策扶持,除了资金、税收等方面的优惠政策直接扶持外,更多地是通过政策制度安排,优化小微企业融资环境。从我国情况看,政府应选择当前困扰小微企业融资的突出瓶颈为切入口。首先是构建政府主导的信用担保体系,为小微企业融资提供匹配的信用担保服务。建立小微企业融资信用担保体系是世界各国扶持小微企业发展的通行做法。全世界有50%以上的国家和地区建立了小微企业信用担保体系。我国应积极借鉴西方国家的做法,由政府出资,成立或整合政策性担保机构;由政府独资或选择一家实力较强的省级担保公司为主体、各政策性担保公司入股方式,构建再担保机构;通过税收等方面的政策优惠,扶持现有商业性担保机构发展壮大,鼓励新建部分商业性及互助性担保机构,使其发挥担保体系的辅助作用。其次是实施财政税收优惠政策,增强小微企业内源性融资能力。通过财政税收体制改革,减轻小微企业税收负担,同时推动产业转型升级,提升产品附加值,提高企业盈利能力,增强其内源性融资能力。同时,将财政性存款等资源分配与银行的小微企业金融服务挂钩,增强服务小微企业的金融机构信贷能力。三是深化政银合作模式,改进和完善合作机制。实践证明,在目前的信用环境下,政府的信用能成为银行拓展小微企业贷款的最好的"定心丸"。通过设立政府参与的风险担保基金、风险补偿基金等形式,以政府信用增强小微企业的信用,有利于促进金融机构加大对相关行业的小微企业融资,推动银行机构开展信用贷款方面的试点。四是发展多层次、多元化的资本市场。在外源性融资中,不仅要进一步引导银行

---

① 指银行因企业信息不透明、参与民间融资等产生的"慎贷"心理,导致拓展小微信贷信心不足。

业加强对中小微企业的信贷支持,更要拓展股权性融资、债权性融资、项目融资、政府基金等多种融资渠道。为此,政府应进一步推进资本市场发展,特别是要加快二、三板市场的发展,为中小微企业上市创造条件。一方面,将更多的大中型企业推向资本市场,催化金融脱媒,促使银行机构服务层级下移,将信贷营销的对象主动向中小微企业转移,通过市场竞争机制引导资金流向小微企业。另一方面,通过发展产业投资基金,扶持处于创业阶段的高科技新兴企业。

(二)推动商业银行创新顶层设计以突破管理瓶颈,构建小微信贷支撑体系

商业银行在顶层设计方面客观存在的缺陷,主要是银行决策层片面追求利润、一味回避风险的理念及行为,直接左右了银行经营层的信贷理念、定价方式和贷款方式等方面,增加了小微企业客户的交易成本。因此,创新顶层设计,是突破小微企业信贷瓶颈的关键。首先是推动银行业切实转变片面追求利润的经营理念,树立以客户为中心的服务理念,在小微企业定价机制上实现明显突破。引导银行业立足长远,从培育自身客户群的战略高度出发,综合考虑小微企业成长周期、行业特点、区域集群、信用状况、盈利水平等多重因素,以及企业的承受能力,按照互利互惠原则,合理确定小微企业贷款利率及浮动幅度。其次是推动银行业转变"抵押为本"的信贷理念,积极创新适合小微企业特点的贷款方式。引导银行切实转变在抵押物选择上一味侧重房地产的偏好,适当放宽抵押资产的范围,积极拓展存货、应收账款、股权、林权等适合小企业的抵押形式,逐步实现由有形财产抵押向知识产权、商誉、海域使用权、排污权等无形资产领域拓展,由偏重于抵押贷款向抵押、信用、担保多种贷款形式并重转变。同时,不断提高银行抵押品风险管理水平,科学认识抵押品风险特征,设定合理的风险容忍度。三是推动银行加强贷款精细化管理,减少信贷错配,在科学确定贷款期限的基础上,改进现行的贷款还款方式,加大流动资金贷款期限和还贷方式的创新力度,避免产生不合理的转贷需求。四是探索中小银行对小微企业实行主办银行制度。借鉴日本、德国等国家主办银行制度的经验,通过建立银行与企业间的某种产权关系(股东或股东代理人),一方面有效解决信息不对称问题;另一方面,通过制度安排,使小微企业获得稳定的外源性融资。在投资基金、创业板等直接融资尚有限的背景下,探索主办银行制度,对缓解初创型、科技型企业未尝不是一

种有益的尝试。五是建立科学合理的尽职免责机制,适当下放小微企业贷款的授信审批权限,提高不良容忍度,建立健全尽职免责制度,以充分调动基层经营行和客户经理拓展小微企业信贷的积极性。

(三)推进差异化监管以突破制度瓶颈,构建监管支撑体系

差异化监管是政府对市场实施干预的一种很好的选择工具,其本质上是一种融合现代管理理念的多元思维、多元目标的监管。它强调金融环境、金融市场主体等差异性因素,注重要素的关联互动,并充分考虑各种信息约束,倡导激励监管相容,追求公正、效率统一。将这一理论运用于小企业金融服务领域,就要求监管部门基于小微企业贷款高成本、高风险的特点,在银行业授信模式、操作流程、激励机制等方面区别于传统信贷业务,在坚守监管底线前提下,对小微企业贷款设定尽可能宽松的监管指标,营造尽可能宽松的监管环境。具体看,首先要加快推进相关小微企业贷款差异化政策落地及完善。将风险权重调整范围由"单户授信500万以下的小型微型企业贷款"扩大至小微企业承兑汇票、信用卡等表外业务,以减少商业银行的资本占用,进一步调动银行机构开展小微企业信贷业务的积极性。二是实行小微企业贷款存贷比差异化政策。鉴于当前小微企业专项金融债发行成本偏高,机构积极性不足,难以有效缓解存贷比制约的现实,建议在计算存贷比时,直接对符合一定条件的中小商业银行的小微企业贷款给予差别化计量等,以切实提升银行业服务小微企业的能力。三是鼓励商业银行通过各种渠道拓宽信贷资金来源,增强服务小微企业的信贷容量。如在专项协议存款方面实行差异化政策,允许中小金融机构突破现行的协议存款期限须5年以上的限制,办理短期(3年以下)专项协议存款,以扩大小微企业信贷资金来源。通过向信贷服务能力相对弱的邮政储蓄、农村信用社定向发行专项金融债等方式,将信贷资金调剂到具有更强放贷能力的机构如城市商业银行等法人机构。四是按照实质重于形式原则,鼓励试点小企业"先贷后还"模式。大力扭转"先贷后还"的认识误区,按实质重于形式的原则,鼓励各行先行先试,突破陈规旧俗,实现小微企业还款与续贷的"无缝对接"。五是力求现场、非现场监管政策与小微企业金融服务政策的同向性、同步性,避免在鼓励小微企业信贷创新与实施现场检查过程中可能存在的矛盾。按照对小微企业信贷实施差异化监管政

策要求,监管部门首先要调高对银行机构小微贷款不良的容忍度,在监管考核和评级方面充分考虑小微信贷差异化因素。

(四)完善社会公共配套机制,构建环境支撑体系

小微企业融资制度安排的顺利实施,除了前述制度安排外,还需要外部环境的支撑。通过有效的公共配套制度安排,最大可能地降低由于银企信息不对称带来的交易成本、监督成本,是促成银行与小微企业之间达成契约的必要条件。一是强化信息征集的激励约束,有效整合政府部门企业信息,完善企业信息共享机制,降低信息成本。政府部门应加快地方信用政策法规建设步伐,推动出台地方信用法规,从法律的高度明确各部门信息征集和发布的权利和义务,从根本上解决信息分割问题,提高社会信用信息化水平。二是完善与小微企业融资相关的评估、担保、登记、公证、咨询等中介服务机构体系,降低交易成本。要建立完备的无形资产交易制度,全面发布准确、有效的无形资产供需信息,通过便捷的交易方式、产权登记、变动模式,推动无形资产合法转让和变现。推动登记机构下沉,以方便小微企业办理抵质押登记,减轻小微企业的融资成本。加快完善抵押品处置的法律法规,规范和简化抵质押物处置的司法程序,对小微企业贷款诉讼开辟绿色通道,加快案件诉讼和抵质押物处置的速度。完善押品公共交易平台,在省级或更大范围内建立较完善的无形资产等新型抵质押品交易流转平台,促进新型抵质押品的有效流转和价值实现。规范中介服务机构行为,通过政务公开方式,将办理抵押品评估、托管等手续所需的资料、办理流程、收费项目及标准等形成规范性制度,并予以公开公示,接受社会监督。推动建立动产质押监管公司,对质押贷款的操作及质押物交接进行严密的监控,实行封闭运行。三是合理疏导民间资金,规范民间融资行为。尽快出台有关民间融资的管理法规,在法律上明确民间融资合法主体、方式、利率、程序等内容,明确主管部门,以法的形式来规范民间融资行为,保护参与各方的合法权益,打击通过"高利贷"等形式牟取暴利的违法机构和个人,维护金融秩序。同时,加强对民间融资加强政策引导,打通民间资本和实业资本的通道,通过放开民间投资的限制、降低基础设施项目进入门槛等途径,吸引民间资金参与基础设施建设,把民间融资纳入健康发展的轨道。四是加强对企业主素质培训,防范道德风险,营造诚信环境。对企业

主参与赌博、吸毒等不良行为进行动态跟踪,纳入诚信系统,引导广大企业客户自觉守信,营造良好的守信氛围。同时,出台严厉的惩戒措施,合力打击恶意逃废债行为,有效推进社会信用体系建设。

六、结　语

小微企业融资难问题是现有融资体制下融资市场参与主体体制、机制碰撞的必然产物,但总体上仍是社会金融资源的优化配置问题。因此,围绕缓解小微企业融资的制度创新也不应偏离优化金融资源配置这一方向,应科学把握其中的"度",避免过犹不及。首先,应服从融资供给的有效化。增加小微企业融资供给,解决小微企业融资难,并不是要满足所有小微企业的融资需求,不是有求必应。资源配置的效率要求有限的资源必须以效益最大化为配置目标,即以满足能够产生经济效益,并能对提高社会生产力,或保持经济持续、稳定、协调发展有正效应的融资需求为导向。对部分虽然有融资需求,但资金使用效率低于市场使用效率的融资包括不符合节能减排要求的融资需求应当限制。满足无效融资需求不仅会给金融机构带来风险,而且会导致社会资源的更大损失。因此,银行机构在对小微企业的融资中应关注融资需求的有效性。其次,应把握信贷倾斜的适度化。按照协调可持续发展观要求,大、中、小微企业发展无论理论上还是客观上都应有一个大致合理的配比结构,反映在信贷资源的配置上也必然要符合均衡发展的要求,即信贷资源向小微企业的倾斜应该有一个科学合理的"度"。推动小微企业金融服务,不是要从资金失衡的一端转向另一端,而是要围绕协调发展实现资金配置的大致均衡。最后,应认可服务格局的层次化。目前,银行在小微企业信贷领域的业务同质化趋向逐渐显露。这种格局,理性地看并不符合商业银行市场化原则和取向。从运作实际看,不同类型的金融机构依其组织架构不同、营销力量不同、成本构成不同,应该有不同的市场定位。因此,小微企业金融服务的格局应从全机构、形式化参与向有侧重、实质性推进服务格局转变,构建分层次的小微企业金融服务格局。大中型商业银行应侧重于发展小微企业金融服务专营机构,以专营机构作为进入小微企业信贷领域、参与竞争及履行社会责任的立足点;中小商业银行分支机构应积极向下延伸服务触角,通过机构下沉,大力改善县域小微企业金融服务现状;地方小法人机构要进一步强化市场定位,着力支持县域、社区小微企业发展和转型升级。

（本文由浙江银监局提供,作者为浙江银监局局长韩沂）

第十章 浙江省区域性资本市场发展的几点思考

多年来,浙江经济以其鲜明的民营经济特色闻名于世,浙江市场极具生命力和创造力,人均 GDP 长期名列全国前茅。但是,近年来随着国际国内宏观发展环境的深刻变化,作为推动浙江经济发展主要力量的民营经济,其"低、小、散、弱"的特点逐渐制约了浙江经济的持续发展,必须加快转变经济发展方式,推动经济转型升级。

浙江经济的转型升级离不开金融支持,但金融支持不是简单的等同于增加银行贷款,浙江省银行业存贷款比例以及银行贷款余额与 GDP 之比均远高于全国平均水平。单纯依靠信贷增长助推经济增长已不现实,必须大力发展直接融资。直接融资也不仅仅是企业上市,浙江有 90 余万家中小企业,仅有 246 家企业在沪深交易所上市,意味着仅依靠交易所市场已经难以满足浙江众多希望通过资本市场来走规范化发展道路的企业需求,难以满足浙江经济转型升级对资本市场的需求,必须建设一个区域性资本市场,为浙江非上市企业的集聚、各类信息的发布、投融资双方的汇集以及企业品牌的营销提供一个平台。顺应这一需求,2012 年 10 月 18 日,经清理整顿交易场所部际联席会议验收,浙江股权交易中心正式挂牌成立。

一、浙江股权交易中心发展情况

截至 2013 年 10 月,浙江股权交易中心共有挂牌企业 591 家,其中,股份有限公司 116 家,有限责任公司 475 家,总股本 107 亿股,市值近 200 亿元;托管企业 201 家,托管股数 209 亿股;24 单私募债备案,金额 24.8 亿元,9 单完成发行,募集资金 11.85 亿元;各类会员 191 家,投资者 6700 余户,成交金额 5100 余万元(不含非交易过户)。作为多层次资本市场体系的重要组成部分,浙江股权交易中心在完善市场结构、提供综合服务平台及提升证券公司服务小微企业能力等方面都发挥了一定的积极作用。

(一)浙江股权交易中心的成立优化了浙江资本市场结构

依靠自上而下的行政力量推动发展起来的中国资本市场,形成了与发达资本市场截然不同的"倒金字塔"型结构,20 多年的发展基本围绕交易所市场展开,数量巨大的中小企业一直是资本市场服务的薄弱环节,其融资和股权转让的需求无法通过资本市场获得有效的满足。浙江股权交易中心的成立丰富了浙江资本市场结构,为大量短期内难以登陆交易所市场的中小企业提供了综合服务平台,增强了资本市场服务中小企业的能力。

(二)浙江股权交易中心为众多中小企业提供了多元化服务

利用浙江股权交易中心这一平台,企业可以通过私募股权融资、债权融资及股权质押融资等多种方式募集发展所需的资金。更为重要的是,企业在浙江股权交易中心托管、挂牌、融资,必须在公司治理结构、信息披露质量方面达到一定的要求,客观上提高了企业的规范度、透明度,进而有利于企业价值发现、企业形象提升及企业信用增进,形成了良性互动平台。

(三)浙江股权交易中心为投资者的项目搜寻和退出提供了便利

利用浙江股权交易中心这一信息发布、汇集及企业价值发现平台,投资者更容易发现和了解适合自身投资策略的企业及退出时的交易对手方,降低了项目的搜寻成本、信息成本及退出成本。同时,企业股份的流动和转让为投资者的进入和退出提供了一个相对公允的参考价格。

(四)浙江股权交易中心提升了证券公司服务中小企业的能力

国务院非常重视中小微企业的发展,多次提出加快丰富和创新中小微企业金融服务方式,提升金融服务中小微企业的能力。与银行、保险及股权投资基金等其他金融、投资机构相比,证券公司以往基本致力于为大型企业提供包括保荐、承销、财务顾问在内的各类服务,相对欠缺服务中小企业的经验和能力,区域性股权交易市场的发展为证券公司加强业务协同、积累业务经验、提升风控能力提供了一次很好的机会。同时,除直接从场外市场业务中获益外,证券公司也因为可以资产管理、直投等全业务链参与场外市场而成为区域性股权交易市场建设的重大受益者。

二、浙江股权交易中心发展面临的问题

浙江股权交易中心开业至今一年左右的时间,尽管发挥了很大的作用,但也出现了市场交易不活跃,企业挂牌热情不高、中介机构开展业务积极性不足等问题,市场功能未能有效发挥,市场发展的良性循环尚未形成。这既有市场主体认识不足的原因,也有体制机制上的缺陷和不足。

(一)企业挂牌热情未充分激发

由于浙江股权交易中心在制度设计、业务规则、信息系统等方面与三板市场、交易所市场缺乏有效衔接和有机联动,未来几年内上市预期较高的企业担心在浙江股权交易中心挂牌及随之而来的股权转让可能会影响企业未来的IPO进程,对参与浙江股权交易中心心存疑虑。其他企业对浙江股权交易中心为企业带来的长远、无形利益如规范企业运作、提升企业形象等缺乏认识,更多的是考虑改制及挂牌为企业带来的短期、有形成本,股份制改造及挂牌积极性有待进一步激发。

(二)券商开展业务积极性不足,券商外机构开展业务受到一定限制

目前,证券公司在浙江股权交易中心开展业务的投入产出比远低于交易所市场的承销保荐业务,因此证券公司普遍未将区域性股权交易市场作为未来重要的业务领域进行深入拓展。省内部分私募基金、投资公司长期服务于中小企业,具有丰富的中小企业资源和较强的产品开发能力,同时又有在浙江股权交易中心开展业务的积极性,但受制于缺少证券业务资格,在开展股份转让、定向发行、债券承销、代理买卖等业务时存在法律障碍,降低了业务拓展积极性。

（三）高端专业人才缺乏

相对于成熟的交易所市场,浙江股权交易中心在市场定位、制度设计、产品开发、业务拓展等各个方面仍处于探索发展过程中,没有成熟的模式和经验可供借鉴。因此,资本市场尤其是场外市场方面高端专业人员的支撑对市场未来的发展至关重要。与上海、北京、深圳等地区相比,浙江缺乏这方面的专业人才,从国内外一流证券公司、证券交易所引进人才又受制于收入水平、社会地位、配套政策等方面的限制也存在一定困难。

（四）投资者对市场的认同度不高

作为一个新兴市场,浙江股权交易中心尚处于起步发展阶段,挂牌企业数量较少,挂牌企业的规范程度和信息披露质量有待市场检验,投资者短期内难以准确筛选投资标的和把握投资机会,对市场的参与热情不高。

三、关于浙江股权交易中心的几点认识

随着三板市场、券商柜台交易市场的建立,多元化、竞争性场外交易市场体系逐渐形成。作为一个仍处于探索发展阶段的区域性股权交易市场,浙江股权交易中心的定位关乎其自身的未来发展及为实体经济服务功能的有效发挥。

（一）浙江股权交易中心是企业优化融资结构的渠道

2012 年,浙江金融机构贷款余额 59509 亿元,位居全国第二;浙江省 GDP为 34606 亿元,位居全国第四,金融机构贷款与 GDP 之比为 172%,全国这一比例为 129%。以全国第二的贷款余额支撑了全国第四的 GDP 发展,金融机构贷款余额与 GDP 之比远高于全国平均水平,这一定程度上说明浙江间接金融的供给不是不足,而是有可能过多。间接金融的长期过度供给造成了浙江企业负债率偏高,相当一部分企业负债率在 70% 以上,且以短期负债为主。负债率偏高、对银行的过度依赖造成当宏观经济下行,企业经营困难时,银行信贷的收紧进一步加剧企业困境。浙江经济的转型升级和可持续发展要求迫切需要企业调整融资结构,提高资本比重,降低负债率。浙江股权交易中心的建立正是为企业提供了这样一个途径。

(二)浙江股权交易中心是交易所市场和三板市场的有益补充

浙江有 340 余万家各类经济活动单位,90 多万家企业,其中 70%以上的是民营企业,规模以上工业企业 3 万多家,但股份公司仅有 1600 家左右,通过股份制改造建立现代企业制度任重道远。近些年,浙江企业登陆交易所市场的速度较快,即便如此,平均每年也只有 20 家左右的企业可以发行上市,2013 年 10 月底全省仅有 246 家境内上市公司,仅靠交易所市场难以满足浙江众多企业股份制改造、上市的需求,必须发展新市场。三板市场的建立,在一定程度上缓解了这一矛盾,但仍有大量的非上市非公众公司难以获得资本市场服务。浙江股权交易中心正是应对浙江经济发展实际对资本市场的需求而产生的,为浙江众多非上市公司提供了改善融资结构、规范企业运作、提升企业形象的平台,是交易所市场和三板市场的有益补充。

(三)浙江股权交易中心不是以交易为主要目标的市场

作为一个私募的、小众市场,浙江股权交易中心交易必然是清淡的,交易不应成为浙江股权交易中心追求的主要目标,也不是浙江股权交易中心的主要功能。作为市场组织者、平台搭建者和服务提供者,浙江股权交易中心应重点推进企业挂牌并关注挂牌企业的信息披露,这是浙江股权交易中心发展的基础。只有通过规范挂牌企业的信息披露行为、提高挂牌企业的信息披露质量,才能吸引投资者进入市场,才能为中介机构业务拓展和产品创新奠定基础,才能逐步发挥股权交易中心的投融资功能、公司治理功能、后备资源培育功能和并购重组功能,实现浙江股权交易中心推动挂牌企业"适度融资、适度提升、适度转让"的功能。当然,这并不意味着流动性对于浙江股权交易中心不重要,但市场的流动性不应由中心直接创造和提供的,而应依靠中介机构实现。

四、发展浙江股权交易中心市场的几点建议

为推进浙江股权交易中心的发展,我们建议:

(一)证监会统筹发展各地区域性股权交易市场

目前各地都在纷纷建立区域性股权交易市场,在市场定位、制度规则、系统建设、发展模式上都不尽相同。2013 年 8 月,国务院办公厅在《关于金融支持小微企业发展的实施意见》中指出,"在清理整顿各类交易场所的基础上,将区域性股权市场纳入多层次资本市场体系,促进小微企业改制、挂牌、定向转让股份和融资",明确了区域性股权市场是多层次资本市场体系的组成部分。作为"正金字塔"型市场结构的塔基,区域性股权交易市场担负着为企业进入更高层级的资本市场进行基础培训的功能,基础不扎实,难免会影响到更高层级资本市场的健康稳定发展。为保障区域性市场的规范发展,建议证监会统筹协调各地区域性股权交易市场的发展,出台区域性股权交易市场发展指引,使各地区域性股权交易市场在功能定位、底线规则等方面实现协同。

(二)营造区域性股权交易市场发展的良好环境

一是建立区域性股权交易市场与三板等市场之间的有效衔接。区域性股权交易市场是交易所、三板等市场的有益补充,为便利股权交易中心挂牌企业对接三板等更高层级的市场,建议探索建立区域性股权交易市场与三板等市场之间的联动机制,在投资者适当性管理、信息披露、会员管理等业务规则及股份登记托管平台、信息系统标准等方面保持区域性股权交易市场与三板等市场的承接性和协同性。

二是支持引导区域性股权交易市场进行适度创新。区域性股权交易市场是一个私募、小众市场,从市场发展角度看,需要根据投融资双方的个性化需求开发差异化、特色化的非标产品;从风险防范角度讲,创新失败带来的风险局限于区域性市场,影响面较小,试错后比较容易及时调整。同时,区域性场外交易市场的创新经验可以为在资本市场全面推进创新提供借鉴。建议支持引导各市场主体在区域性股权交易市场进行适度创新,研究引导企业发行优先股,推出市政债,推进资产证券化业务等。

三是发行审核中适度参考挂牌企业过往的信息披露。在现有的发行体制下,审核重点是信息披露的质量,浙江股权交易中心的一个发展定位就是提高挂牌企业的信息披露质量、规范挂牌企业的信息披露行为。可以说,浙江股权交易中心的挂牌企业已经在一定程度上经受了投资者对企业信息披露质量的检验。建议在不改变现有发行审核体制的基础上,这类企业在申请发行上市时,过往的信息披露行为和质量可以作为发行审核的一个参考依据,适当加快审核速度。

四是研究成立专门服务于中小企业的专业券商。中介机构是浙江股权交易中心功能发挥的重要力量,但传统券商一方面缺乏服务中小企业的经验和人才,同时也因投入产出的短期不配比对参与浙江股权交易中心积极性不高,未能很好地发挥应有的作用。相比传统券商,私募投资基金、投资管理公司等机构既有参与浙江股权交易中心的热情,又有丰富的私募市场运作经验、中小企业服务能力,但往往在业务开展过程中受制于业务资格的限制。建议研究成立专门服务中小企业的专业券商,鼓励上述专业投资机构申请专业券商牌照,更好地服务于区域性股权交易市场的发展。

五是地方政府积极落实推动区域性股权交易市场发展的各项财政税收优惠政策,降低市场运行成本,增强市场主体参与的积极性。同时,积极推动中小企业进行股份制改造,为区域性股权交易市场的发展提供雄厚的企业基础。

(三)建立监管部门与地方政府之间的协作监管机制,形成监管合力

作为多层次资本市场体系的重要组成部分,浙江股权交易中心的发展需要监管,监管在降低市场风险的同时有利于增进市场信用。证监会对信息披露、定向发行等具有丰富的监管经验;地方政府在协调社会资源、维护社会稳定、提供政策扶持等方面具有优势;中国证券业协会可以为浙江股权交易中心的会员管理、自律监管提供支持和帮助,共同对在浙江股权交易中心从事业务的证券公司进行监督。建议建立证监会、中国证券业协会和地方政府之间的协作监管机制,形成监管合力,充分发挥各自优势,共同做好浙江股权交易中心的监督管理,推动浙江股权交易中心的健康发展。

（本报告由浙江证监局提供）

第十一章 保险业服务浙江新型
城镇化研究

城镇化是我国现代化建设的历史任务,也是扩大内需的最大潜力所在。近年来,浙江在统筹城乡发展、推进新型城镇化上取得了积极的进展,但也存在发展质量不够高等问题。保险作为市场化的风险转移机制和社会互助机制,在促进城镇化发展、提高城镇化质量等方面具有独特的作用。开展保险业服务浙江新型城镇化发展的课题研究,对于拓宽保险业发展空间,加快浙江新型城镇化进程,具有积极的现实意义。

一、浙江新型城镇化发展现状

基于较好的经济社会发展条件,浙江在统筹城乡发展、推进新型城镇化上取得了积极的进展。主要体现在:一是起步很早,浙江 1998 年开始启动城镇化工作,是全国率先实施城镇化战略的省份。二是水平较高,浙江是全国城乡统筹水平较高的省份,2012 年城镇化率达到 63.2%,高出全国约 11 个百分点,居全国各省区第 3 位,城乡居民收入差距为 2.37 倍,低于全国 0.76 倍,为全国城乡居民收入差距最小的省份之一。三是特色鲜明,在全国首创了 27 个小城市培育试点,形成了有人口和产业支撑的中心城镇建设模式,走出了一条内生型的城镇化发展道路。

尽管浙江在推进新型城镇化中取得了不少成绩,进入了发展新阶段,但随着城镇化进程的加快,一些制约城镇化发展的深层次问题日益凸显,如土地城镇化快于人口城镇化、以城带乡能力不强、城市管理滞后于城市建设、城乡基本公共服务均等化水平不高等等,浙江城镇化发展质量仍有待进一步提高。

二、浙江新型城镇化保险需求分析

城镇化发展是一项复杂的系统工程,需要整合多方力量协同推进。要解决制约城镇化发展中的深层次问题,不仅需要政府的行政手段,还需要通过机制和制度创新,借助社会资源,建立高效运行的市场化辅助机制。保险作为市场化的风险转移机制和社会互助机制,在统筹城乡发展、完善社保体系、提高保障水平、辅助社会管理等方面具有明显的优势,可以在推进新型城镇化建设中发挥独特作用。同时,城镇化发展也给保险业带来了新机遇。根据国际经验,一国的保险发育程度与城镇化水平高度正相关,城镇化率上升1%,保险密度提高5%。《中国保险报》曾将全国30个省、自治区、直辖市2010年的保险密度与城镇化率数据进行回归分析,结果显示,城镇化率每提高1%,财产险保险密度会增加16.329元,人身险保险密度会提高46.917元。特别对于人身险市场来说,若2020年全国城镇化率从目前的52%上升至60%,则目前人身险市场可扩大85%。总之,新型城镇化是一项涉及多类经济主体、多种经济活动的系统工程,离不开多元化、多层次的风险保障,蕴含着巨大的保险需求。

(一)市民风险保障多元化的保险需求

农业转移人口市民化是新型城镇化的核心,市民化更重要的是附属在户籍背后的就业、社保、医疗等相关政策待遇的市民化。据统计,2012年浙江农业转移人口达2400万人,外省流入人口达1100万人。据有关研究,按照生活居住、就业收入、基础设施、城市参与、社会保障等五方面衡量,当前我省农民转移化程度仅为57.3%,与真正市民享受到的社会保障等公共服务还有较大差距。特别在社会保障方面,据《中国卫生统计年鉴2011》有关数据,城镇居民人均医疗保健支出是农村居民的2.22倍,另外,受城镇化影响,农村留守老人养老问题也日益突出。同时,城镇化率提升会伴随城镇居民财富的增长,促进保险意识的提高,增加对风险保障的需求,据中国家庭寿险需求调查显示,城市居民比县域以下农村居民寿险认知度要高14.2个百分点。针对以上风险保障缺口及需求特点,保险业可以利用在条款精算、资金运用、承保核保、理算理赔、风险控制等方面的优势,积极创新开发适合农业转移人口和城镇居民需求的各类保险业务,促进公共服务均等化和风险保障多元化。

(二)城镇化相关产业发展的保险需求

浙江城镇化产业特色明显,全省有私营企业 70 多万家,个体工商户 200 多万户,交易市场 4000 多家,年产值超 10 亿元的特色产业区块 300 多个,有 20 多个县(市)进入全国百强县,平均每 25 个人拥有 1 个企业。但浙江产业空心化、产业层次较低、抗风险能力弱等问题也逐步显现,"民、轻、快、外、低、小"的城镇化产业亟须转型升级。中小微企业、乡镇企业、块状经济、产业集群、农业大户、城乡创业者等经济组织是城乡创业就业的重要平台,这些平台的转型升级、人才集聚和发展壮大,离不开各方面的风险保障。保险业可以在促进内外贸易、辅助融资、助推技术创新、加强货物财产保障、提升员工福利保障等方面,发挥积极的作用。

(三)城镇化基础设施建设的保险需求

统筹城乡交通通信、能源水利、防灾减灾等基础设施建设,促进城市基础设施向农村延伸覆盖,是浙江推进新型城镇化的一项重要任务。2013 年,浙江省制定扩大有效投资"411"重大项目建设行动计划,实施万亿统筹城乡建设工程等"四大万亿"工程,5 年内将重点推进 100 个左右重大城乡建设项目,累计投资达1.5 万亿元。这一系列重点项目的实施,将拉动大量的风险保障和资金需求。保险作为工程风险控制、分散的重要手段,在城市功能提升、小城市培育、"美丽乡村"建设等项目中将占有重要的地位。另外,保险资金具有规模大、期限长、成本低、来源稳定、运用灵活等特点与优势,是中长期直接融资的重要渠道之一,在拓展浙江城镇化重点项目融资渠道、参与养老社区等城镇化配套基础设施建设上将大有可为。

(四)城镇建设与管理创新的保险需求

加快构筑现代新型城镇体系是浙江新型城镇化的发展导向。按照规划,全省要基本形成"三群四区七核五级网络化"的省域城镇空间结构,即形成杭州湾、温台、浙中三大城市群,杭州、宁波、温州、金华—义乌四大都市区,7 个省域中心城市,60 个左右县(市)域中心城市,200 个左右省级中心镇和 400 个左右一般镇,切实改变大城市带动力不强、城镇管理滞后等局面。保险是增强中心城市竞争力和带动力的"助推器",通过总部经济效应和风险转嫁等服务,能够增强城市经济反哺"三农"的能力。另外,保险的社会管理功能有利于创新城镇管理机制,推进政府职能转变,改进城镇服务功能,提升管理水平,提高广大市民的生活品质,打造生态宜居环境。

三、保险业服务浙江新型城镇化的实践和探索

近年来,得益于浙江较高的经济发展水平和城镇化发展水平等因素,浙江保险业得到了又好又快的发展,并在支持新型城镇化发展方面进行了诸多有益的探索,取得了较好的成效。

(一)开展服务民生试点

民生保障问题是新型城镇化的难点之一。2009 年,浙江保监局与丽水景宁县共同打造保险服务民生示范区;2011 年,丽水在全市范围推广建设保险服务民生示范区,助推城镇化建设。4 年来,通过实施保险"富民"、"惠民"、"安民"、"便民"等举措,丽水市建立了有序的保险服务民生机制,政府财政购买保险服务 1.48 亿元,开展了城乡居民大病保险、农民工意外伤害保险、低收入农户小额贷款保证保险和个体工商户创业创新保险等 20 多个政保合作项目,所辖 9 个县(市、区)都无空白,城镇化率较 4 年前提高了 10.7 个百分点。

(二)助推农业人口转移

农民工是新型城镇化的关键点之一。针对劳动力转移,我省在丽水景宁、龙泉等地开展外出务工人员保险试点,在杭州建德和温州瑞安、瓯海等地开展外来务工人员的保险试点。针对进城务工人员保障问题,保险业参与全省(不含宁波,下同)10 余个县(市、区)新农合的经办,受托管理资金 6.3 亿元;在衢江、龙泉等地的乡、镇、村建立了城乡居民综合保险服务平台,为农民工提供医疗经办、

补充养老等多方位服务；在全省 10 个地市的 47 个县（市、区）开展了计划生育
保险。

（三）支持城乡创业就业

在推动转型升级方面，2010 年以义乌为试点地区，推出个体私营企业财产
保险、专业市场和专业街经商户保险、政策性境外客商保险等险种，创新适应专
业市场和国际贸易转型升级的保险服务方式。在优化融资担保方面，2011 年，
省政府在全省开展小额贷款保证保险试点工作，改善了中小企业、农户、城乡创
业者等小额借款人的融资状况；2012 年全省贷款保证保险促进新增贷款超过
150 亿元。在增强外贸竞争力方面，出口信用保险公司在全国首创"中小微企业
简易承保模式"，2012 年对全省出口总额支持率达到 21.6％，帮助企业挽回损失
1.9 亿美元。在促进农民创业方面，2009 年在景宁县试点个体工商户创业创新
保险，2013 年中央一号文件首次提出"家庭农场"概念后，在试点地区海盐等地
启动了"家庭农场"政策性配套保险。

（四）促进生态宜居城镇建设

一方面，重视保险总部和保险资金对增强城市综合实力和承载力的积极作
用。如浙商财险在全国铺设 130 多家机构，在第 2 个完整经营年度就实现盈利，
为本地经济建设增加了几十亿元的金融资源；平安集团启动了在桐乡投资 170
亿元打造养生养老综合服务社区，为新型城镇化配套基础设施建设提供了支持。
另一方面，也重视保险的社会管理功能对促进城镇管理机制创新，提高市民生活
品质的作用。如杭州、温州、台州、丽水等地开展城镇职工补充医疗保险试点，为
广大市民提供了多元化医疗保障服务。保险公司在各地推行了承运人责任险、
医疗责任险，试点了校（园）方责任险、环境污染责任险、火灾公众责任险等。这
些保险产品和服务，在推进节能减排、维护市民安全、优化环境等方面发挥了积
极作用。

保险业服务浙江新型城镇化虽然取得了一些进展，但仍存在不少问题和困
难。主要有：一是缺乏顶层设计，没有从省级层面进行统筹规划。保险业与地方
政府城镇化规划结合得不够紧密，保险服务新型城镇化项目大多散落在各个

"点"，还没连成"片"，保险功能作用发挥不够明显，示范效应有限。二是工作机制不健全，没有建立或有效落实相关扶持政策。新型城镇化相关保险项目具有一定的政策性，需要政府配套政策予以支持。但目前存在着相关扶持政策缺失或未有效落实的情况，如小额贷款保证保险的风险补偿机制、商业养老保险的税收优惠政策、责任险的立法支持等。没有相应机制保障，当前保险项目由于政策变化或政府人事变动等因素导致中断的情况，也时有发生。三是服务能力有限，没有很好的提供契合新型城镇化需求的保险产品。当前，行业参与新型城镇化的保险产品，基本上是现有的各类险种，产品的针对性不强，同质化竞争比较严重，保险资金运用存在一定的政策障碍，还不能有效满足新型城镇化各类人群和建设项目的多元化保障需求。

四、保险业服务浙江新型城镇化的对策建议

保险业如何服务好新型城镇化，是目前及今后较长一段时间保险业面临的重要课题。下一步应着重围绕国家新型城镇化的战略方向，充分发挥保险功能和优势，找准服务的切入点，努力为浙江新型城镇化发展提供全面、系统、优质、高效的保险保障，不断提高保险业服务浙江经济社会发展的能力和水平。

(一)加强保险业服务浙江新型城镇化的统筹规划

推动地方政府将保险作为助推新型城镇化的重要工具纳入地方城镇化发展规划，从省级层面统筹推进保险业服务新型城镇化各类项目，提高项目的覆盖面和可持续性。深入总结丽水保险服务民生示范区等各地保险服务新型城镇化试点的经验，争取在更高、更广阔的平台上进行推广，充分发挥典型示范效应，以点带面，点面结合，统筹推进。处理好服务全局和防范风险的关系，在规划设计和统筹推进中，应始终注重防范风险，坚持依法运作，切实守住不发生系统性、区域性风险的底线。

(二)建立健全保险业参与新型城镇化的配套政策体系

推动地方政府出台支持保险业参与新型城镇化的配套政策措施。打破保险

业参与失地农民养老保障等政策障碍,允许保险业参与被征地农民社会保障制度建设。对涉及城镇化的农业保险、科技保险、信用保证保险、责任保险、养老健康保险等保险项目,加大政策扶持力度,根据风险状况给予风险超赔补偿、保费财政补助、税收优惠等方面的扶持,引导、支持和推动以上险种扩大覆盖面。建立考核督查机制,提高项目和政策的稳定性,建立健全可持续的发展机制。

(三)加大浙江新型城镇化重点领域的保险支持

围绕建立城乡多层次社会保障体系,以经办大病保险为契机,拓展全省各地城镇职工和城镇居民基本医疗保险、新农合的经办业务,大力发展补充医疗保险,为外来流动人员、被征地农民提供意外、养老、医疗、生育等多领域的保险服务。围绕城镇化产业发展,抓住浙江块状经济、产业集群、专业市场等特点需求,推动建立地方特色保险产品体系,重点发展小额贷款保证保险、科技保险等辅助融资和推动技术创新的保险产品,助推小微企业转型升级。围绕城乡建设与管理创新,营造政策优势,发挥保险总部经济、保险资金对中心城市集聚力提升、城镇化配套基础设施建设融资等方面的积极作用,充分发挥保险在道路交通、环境保护、旅游、安全生产、社会治安等领域的社会管理功能,提高城镇生活品质。

(四)不断提升浙江新型城镇化的保险服务水平

推动保险监管部门出台保险业服务新型城镇化的有关政策文件,进一步简化保险产品与资产管理产品等审批报备程序,将支持新型城镇化的相关创新举措放在浙江先行先试。推动保险总公司针对浙江分支机构下放部分权限,赋予部分产品开发权和灵活的承保理赔政策,加强资金、人才、技术、考核等支持,加大保险产品创新力度,加快开发契合浙江发展需求、服务城镇化发展的专属产品,不断健全服务网络,为进城农民提供"一站式"服务。

(五)加强保险业服务新型城镇化的宣传引导

强化动员和培训,统一各级政府对保险业参与新型城镇化重要性和必要性的认识,引导有关部门主动学习保险知识,把握保险内在规律,提高运用保险促进新型城镇化发展的能力。推动政府、保险业等有关方面及时总结和扩大宣传保险业在服务城镇化发展中的新成效、新亮点和新经验,通过多渠道加强保险产品宣传,推进保险知识的普及与教育,提升社会公众的保险意识,着力为保险业服务新型城镇化营造良好的社会氛围和发展环境。

（本报告由浙江保监局提供）

第十二章　温州市金融综合改革
试验区情况

一、温州金融综合改革推进情况及成效

2012年3月28日,国务院第197次常务会议决定设立温州市金融综合改革试验区。一年多来,在国家有关部委和省委、省政府的正确领导下,在省有关部门和6个协调推进工作组的有力推动下,我省金融系统严格按照国务院确定的12项改革任务,坚持以破解"两多两难"为改革导向,以构建"四大体系"为基本框架,着力搭平台、建机制、强管理、优服务,大力开展各项改革尝试。具体工作主要有:

1.广辟渠道,推动民间资本与各类项目有效对接。围绕解决民间资本多、投资难问题,开辟多级投资渠道,让不同规模、层次的民资投向各个领域。一是参与金融机构发展。目前主要是三条途径:(1)把温州银行增资扩股和农合行股改作为民资进入金融领域的突破口,温州银行新增入股资金36亿元;有序推进11家农合机构股改,现已完成股改2家、挂牌2家,年内完成股改并挂牌5家,其余4家明年完成股改,预计可引进民资100亿元。(2)以主发起小贷公司为平台,引导温商回归、资金回流,全市41家小贷公司注册资本103.2亿元,累计投放贷款1344亿元。探索小贷公司利用资本市场工具募集资金,成功发行全国首单小贷公司定向债5000万元。(3)吸引民资主发起设立专业性财产保险公司,扶持以中小企业担保为主的融资性担保机构发展,现已成立2家商业保理公司、2家中小企业票据服务公司、1家小微企业再担保中心和2家中小企业应急转贷中心等。二是投资基础设施建设。建立政府性引导基金,支持民间资本有序进入基础设施和公共服务领域。设立振瓯惠民保障房引导基金、浙南海西1号股权

投资基金等 3 支基金,规模达 12.5 亿元,支持保障房建设和农房改造,另有多支基金将于近期完成设立登记。创新推出"幸福股份"产品,以股权形式让市民参与基础设施项目,已累计发行 20 多亿元用于市域铁路 S1 线和金融集聚区建设。结合民政综合改革、社会力量办学办医试点等国家级改革试点,建立健全公平公正、规范有序的准入制度,鼓励和支持民间资本投入养老、教育、卫生等领域。三是对接产业项目开发。创新私募资本工具,引导民间资金以债券、债权、股权等方式投入中小微企业,成立 7 家民间资本管理公司,共组织 18.1 亿元支持 512个项目发展,为民资对接实体经济提供了新平台。在浙江股权交易中心备案发行中小企业私募债,探索挂牌企业私募发行优先股、可转换债等。

2. 多措并举,推动银行资本与小微企业有效对接。围绕解决小微企业多、融资难问题,从政策引导、产品创新、服务优化入手,努力做好金融服务实体经济文章。截至 2013 年 9 月末,全市小微企业贷款余额 1704 亿元,涉及小微企业授信户数 6.31 万户,比年初分别增加 54.7 亿元、9243 户。1—9 月,规模以上企业财务费用下降 8.3%,利润总额增长 16.2%。一是加强政策指引。在浙江银监局的支持下,携手金融机构出台支持温州实体经济发展"双十条"措施,努力增进银企双方的互动与支持。在 2013 年银行业考核中,新增了扶持小微企业信贷等指标,将全年新增融资规模 800 亿元、新增贷款企业 3000 家(其中新增小微信用贷款企业 1000 家)等任务进行分解,着力强化小微企业融资保障。二是创新金融产品。重点围绕中小微企业融资过程中普遍遇到的"抵押质押"、"期限错配"、"互保联保"等问题:(1)推动金融机构创新抵质押担保方式,推出多元化动产抵押、货物抵押、未来收益权抵押等 49 个创新产品,积极开展股权、专利权、海域使用权、林权、排污权、土地承包经营权等抵(质)押贷款业务,指导 10 家金融机构开办知识产权质押贷款。建立多头授信解困会商机制,推动顺位抵押机制落实。(2)开展"增信式"、"分段式"、"年审制循环贷款"等还款方式创新,以解决贷款期限错配问题,降低企业转贷续贷成本。(3)积极发展信用贷款,降低过度担保、互保联保的潜在风险。发展出口信用保险、国内贸易信用险、小额贷款保证保险等业务,利用保险工具深化对小微企业的金融支持。三是优化金融服务。探索资金定价机制,制订商业银行风险定价和"小微企业专项债务凭证"两个方案,得到了中办、中财办的肯定。对县域农合机构实施弹性存贷比。村镇银行机构和网点由 4 家增至 23 家,实现所有县(市)均有村镇银行网点。探索农村互助合作金融机制改革,11 家农村资金互助会开业,推动农村资金互助会增资扩股。加快小微企业信贷专营机构建设,在小微企业聚集地批设小微企业信贷专营机构 19 家。

3. 着眼根本,推动各类资本与转型升级有效对接。 一是规范企业治理机制。大力开展"三转一市",着力解决温州民营企业的制度"硬伤"。现已完成"个转企"2 万多家;预计全年完成"小升规"650 家;启动"规改股"229 家,已完成 45 家,实现企业托管挂牌 20 家;待过会拟上市企业 5 家。二是促进融资结构优化。积极促进银行信贷转型,截至 2013 年 9 月末,中长期贷款余额同比增长 28.2%,为近 10 年来最快;中长期贷款比重达 19.8%,比 2012 年同期提高 3.7 个百分点。积极运用企业债、中小企业私募债、短期融资券、中期票据等直接融资工具,2013 年前 9 个月新增直接融资 102.5 亿元,增长 62.9%。设立瓯江 1 号并购基金,以并购方式强化温州产业实力。三是加快非银行机构发展。大力推动保险市场建设,新增保险机构 16 家,升格 5 家,开业首家外资财险机构,地方法人保险公司进入实质性筹备阶段。建立保险资金运用协调机制,推动人保、太保、平安等 10 余家保险总公司来温州进行保险资金项目对接。目前,人寿、太保等一批合作项目进展顺利,平安集团计划在瓯海区投资 50 亿元建设健康休闲养生养老项目,安邦集团有意在鹿城区投资 50 亿元建设金融中心。证券期货机构发展迈出新步伐,申银万国、上海证券、中信证券升格为分公司,结束了温州没有证券公司的历史。

4. 各方联动,推动信用建设与金融监管有效对接。 一是加强社会信用体系建设。召开了重铸"信用温州"形象千人动员大会,加快建设诚信政府、打造信用企业、培育守信市民。中国人民银行征信中心温州分中心近期有望批准设立;企业信用信息交换平台已实现工商、税务、社保等 19 个部门单位信息交换共享,汇集了全市 10 万多家企业基础信息和近 300 万条企业信用信息,并于 2013 年 6 月启动二期平台建设,信息征集扩大到 35 个部门单位,近日即将竣工。成立首家资信评估机构,全面展开借款企业评级、小微企业评分和农村"三信"(信用镇、信用村、信用户)评定工作,着力营造"民间互信、企业诚信、银行守信"的良好社会信用环境。二是加强地方金融监管机制建设。《浙江省温州民间融资管理条例(草案)》已经省人大常委会"一读"。出台地方金融监管文件和各类金融组织监管办法,初步形成地方金融监管机制雏形。组建了市地方金融管理局、金融仲裁院、金融犯罪侦查支队和金融法庭。出台民间金融发展司法保障若干意见,促进"政银企法"多方协作化解风险。全力抓好银行不良贷款"控新化旧",依法严打恶意逃废债等行为。推进风险企业破产重组,推动互保联保风险化解,政府应急转贷金循环使用累计达 259 亿元,帮助一大批企业渡过难关。

温州金融综合改革经过一年多时间的探索与实践,部分首创性改革项目得到应用和推广,一批改革工作显现阶段性成效。一是"四大创新"效应溢出。首创民间借贷服务中心,成功发布"温州指数",山东、广东等 20 多个地区借鉴温州运作模式开展试点,"温州·中国民间融资综合利率指数"逐步走向全国民间金融重点地区,成为民间融资价格的风向标;推进民间融资管理地方立法,出台后将成为全国首部金融地方性法规;发行"幸福股份",引导民资投向基础设施建设。民间资本管理公司模式得以推广。二是"六个一批"取得实效。推出一批小微企业服务新机构,增强了小微企业融资功能;创新一批金融服务产品,提升了金融服务能力。壮大一批优质小贷公司,填补了正规金融机构的服务空白;试点一批农村资金互助组织,弥补了农村金融网点覆盖率低、供给不足等问题;组建一批地方金融管理机构,并率先创设地方金融非现场监管系统,实时对 9 类、2000 多家民间金融组织进行监管;出台一批金融风险防范制度,为金融改革营造良好坏境。三是"三升三降"态势显现。从"三升"来看,全市平均每个乡镇(街道)拥有金融网点 10.7 个;温州民间资本参与银行机构改制累计达 229.1 亿元,参与非银行机构(组织)发展累计达 176.8 亿元,分别较金融改革启动前增长 39.3% 和 27.2%;地方金融监管得到强化,风险管控能力不断提升。从"三降"来看,企业融资成本自 2012 年以来连续 6 个季度保持下降,2013 年二季度全市银行机构贷款平均利率为 7.31%;温州民间融资综合利率连续 7 个月保持下降,9 月份为 20.14%,比金融改革前累计下降 1.07 个百分点;1—9 月,全市立案侦查的非法集资类犯罪案件、涉案金额、涉及人数分别下降 53.6%、87.2%、84.9%。

二、下一阶段推进温州金融改革的主要做法

下一步,将乘着十八届三中全会的改革东风,抢抓温州金融改革试点机遇,

下大力气破解银行不良贷款和企业互保联保"两大制约",推动体制机制建设、市场取向改革和金融业态发展"三大突破",完善地方金融组织体系、市场体系、服务体系、监管体系等"四大体系",着力解决"两多两难"问题,不断释放金融改革红利,加快温州实体经济振兴,努力为全国金融改革提供可复制、可借鉴的经验。

(一)完善组织体系,做大地方板块

力求突破四个方面:一是争取设立服务中小企业的民营银行,成为第一批民营银行试点地区。二是培育发展社区银行,开展农信体系、村镇银行、小贷公司等向社区银行转型试点。三是推动设立民资发起的保险公司、证券公司,逐步发展融资租赁、消费金融公司等非银行金融机构。四是探索发展政策性金融体系,发挥政策性担保机构、资产管理机构的作用,弥补商业金融体系缺陷。

提升完善三个方面:一是做强做大地方银行业金融机构,力争 2014 年全面完成农合行股改工作,实现由地方性金融机构向区域性金融机构跨越;支持温州银行引入战略投资者,加快在温商集聚区域设立分支机构。二是积极发展地方新型金融组织,有序推进村镇银行、小贷公司、农村资金互助会发展。三是发展面向小微企业的专营机构,鼓励商业银行发展各类小企业信贷专营机构,多渠道破解小微企业融资难问题。

(二)完善市场体系,用好民间资本

力求突破四个方面:一是争取突破财政税收等体制性难题,切实提升民间借贷服务中心和民间资本管理公司服务功能,做大做强股权营运中心。二是争取设立温州金融资产交易中心和商品交易中心,完善区域性交易市场体系。三是适时开展市政债试点,促进地方政府债券审批监管体制改革。四是全力推进保障房私募债发行。

提升完善三个方面:一是深入推进"三转一市",加快建立现代企业制度;推进企业多渠道上市融资,上市后备企业达到 50 家以上,逐步形成资本市场的"温州板块"。二是发展温州金融要素交易市场,将各类产权、股权统一纳入交易市场,努力建设成为全国较大的综合性产权交易和非上市公司股份转让场所。三是探索多元化融资方式,引导企业发行优先股,有序发展债券市场,2014 年计划

直接融资 100 亿元以上。

(三)完善服务体系,助力经济发展

力求突破四个方面:一是抓紧推进个人境外直接投资项目库建设,争取全国首批试点、首单业务落户温州。二是强化利率市场化关联机制创新,争取商业银行风险定价机制和"小微企业专项债务凭证"试点落地。三是探索发展互联网金融,鼓励互联网机构与小微金融紧密对接,推动金融业态发展实现新突破。四是拓宽保险资金运用渠道,开展个人税延型养老保险试点,推进商业保险在养老保险领域的有效运用。

提升完善四个方面:一是积极培育发展金融电子商务,强化金融对电子商务的保障,拓宽电子商务在金融领域的应用。二是实施普惠金融工程,改善农村金融基础建设,促进城乡金融服务均等化。三是深化保险创新示范区建设,引导保险资金参与基础设施等多领域合作。四是加强温州中小微企业金融综合服务网建设。

(四)完善监管体系,优化金融生态

力求突破两个方面:一是争取尽快完成《浙江省温州民间融资管理条例》立法,并制定《条例》实施细则,引导民间资本阳光化、规范化发展。二是探索制定地方性征信条例或办法,促进温州地方政府信用平台与中国人民银行征信中心温州分中心的有机对接,全方位推进信用体系建设。

提升完善五个方面:一是完善金融风险预警体系,探索建立民间融资备案管理制度,健全金融综合统计和"温州指数"发布,做好民间融资动态跟踪和风险预警。二是完善地方金融非现场监管系统,提高地方金融监管能力,形成立体式地方金融监管新模式。三是深化企业联合征信平台建设,扩大信用信息采集范围,着力推进重点领域的信息应用。四是加大非法金融大案要案挂牌督办力度,健全金融审判联席会议等长效机制,强化金融改革司法保障。五是大力推进银行不良贷款化解,千方百计降低不良率,推动互保联保企业解套。

(本报告由浙江省金融办提供)

第十三章　浙江省小额贷款公司调研报告

浙江省小额贷款公司自2008年开展试点以来,牢牢恪守服务"三农"和小微企业的宗旨,坚持"小额、分散"的市场定位,"开正道、补急需、促创业",在"支农支小"、培育竞争性农村金融市场和规范引导民间融资等方面发挥了积极作用。截至2013年5月底,全省已开业小额贷款公司共295家(含宁波40家),注册资本金总额为615.1亿元,开业以来累计发放贷款7175.24亿元。

一、浙江省小额贷款公司发挥的积极作用

浙江省政府一直高度重视小额贷款公司试点工作,试点以来每年根据试点中出现的新情况、新问题出台相应政策,并召开一次全省工作会议。省金融办在省政府领导下,按照中国人民银行、银监会《关于小额贷款公司试点的指导意见》和省政府文件精神,积极稳妥推进改革试点,确保全省小贷公司健康、可持续发展。

(一)错位发展,为农村基层金融市场起到拾遗补缺的作用

农村基层金融市场一直是金融供给的"短板",小贷公司试点对解决小企业、"三农"的资金短缺起到了较好的补充救急作用。目前全省有53个省级中心镇(除宁波)中有18个小城市试点镇已设立了小贷公司。小贷公司的客户绝大多数为无法获得银行贷款的小微企业、个体工商户。如,余杭理想小额贷款公司客户群中没有办过银行贷款卡的客户贷款占90%左右,户均贷款额在100万元左右。借助"支农支小"精细化服务,小贷公司很好地弥补了银行在农村基层金融市场中的缺位,通过快速便捷的贷款方式,基本做到客户当天申请当天放款;通过一次授信,随贷随还方式,提高贷款资金利用效率,实际降低了企业融资成本。

特别是 2012 年以来,省内不少小贷公司承接了一大批因抵押物不足而无法获得银行贷款的客户,支持了一大批因资金链紧张、续贷难的企业渡过难关。

(二)规范发展,对民间借贷市场起到明显的挤出效应

浙江省民间资金丰沛,民间融资活动也很活跃,小贷公司通过严格的准入和监管,管好了"两头",挤压了部分高利贷民间借贷市场,缓解了民间融资风险,充分发挥了引导民资阳光化、规范化的正面导向效应。温州民间融资综合利率指数显示的小贷公司利率低于综合利率,也远低于其他市场主体利率。诸暨市小额贷款公司 2012 年贷款余额达 39.97 亿元,同比增长 44.9%,是该市融资性担保和典当行业业务总和的 4.45 倍。

(三)服务县域,为地方税收作出积极贡献

经过 5 年的发展,小贷公司已成为县域金融重要组成部分,对地方税收的贡献非常突出。2012 年全省小贷实现营业总收入 117.72 亿元,客户 30.13 万户,上缴营业税和所得税 35.44 亿元,同比增长 231%,是 2009 年的 28.8 倍,户均税收 1279 万元,已经超过文化、体育和娱乐业等第三产业中骨干产业的税收。

(四)创新探索,小贷特色优势独树一帜

以阿里巴巴小贷公司为代表的互联网金融模式已经成为金融创新的焦点,该公司开业以来累计为 18.22 万户发放了贷款,户均贷款 3.54 万元;林业小贷公司为全省 352 户林企、林农会员累计发放贷款 47174.3 万元;科技小贷公司为创业者提供"投贷结合"的金融支持;其他小额贷款公司也发挥自身优势,依托当地块状经济、专业市场、省级以上工业园区、高新园区,不断创新服务方式,形成了浙江省小贷公司独树一帜的特色优势。

二、浙江省小额贷款公司发展存在的问题

浙江省小额贷款公司试点以积极稳妥、规范发展为特色,一直走在全国前列。但随着试点的深入,也面临一些发展中存在的问题。

（一）税负偏重

目前小贷公司税收制度和"支农支小"的目标导向不匹配。按现行政策，小贷公司属一般工商企业，需缴纳的税项包括 5.56％ 的营业税及附加税、25％ 的企业所得税，以及自然人股东分红时需缴纳 20％ 的个人所得税。据测算，小贷公司缴纳的税金往往占营业收入的 30％ 左右。虽然按照我省的相关扶持政策，"对考核优秀的小额贷款公司，其缴纳的所得税和营业税地方留成部分，3 年内可按同级财政给予全额补助"，以及"有条件的县（市、区）可再顺延 3 年执行"，但截至目前，全省县（市、区）对小贷公司补助政策到位率不足 25％。一方面，由于只贷不存，大多数小贷公司只能依靠自身资本经营，实际税负远高于商业银行；另一方面，小贷公司参照一般工商企业纳税，却几乎没有可以税前抵扣的项目，融资利息、政府补助等都无法作税前列支。由此看来，小贷公司的实际税负高于一般工商企业。

（二）利率总体偏高

试点前 3 年，浙江省小贷公司贷款年化利率一直稳定在 15％～17％ 左右，当时这一利率水平客户容易接受，小贷公司股东也比较满意。自 2011 年起，全省小贷公司利率逐渐上升。2011 年 12 月，平均年化利率达 19.35％。不过，区域间并不均衡，温州、绍兴、台州、金华等地利率均在 20％ 左右，嘉兴、丽水、舟山的利率则一直低于全省平均水平，如嘉善农商联小贷公司去年利率仅为 11.39％。此外，从贷款利率结构上看，小贷公司普遍实行差别化的利率，以西湖区昆仑小贷公司为例，2012 年该公司年化利率 15％ 以下的贷款 177 笔、1.85 亿元（占比 50.3％）；年化利率 15％～20％ 的 89 笔、1.45 亿元（占比 39.5％）；年化利率在 20％ 以上的 29 笔、3763 万元（占比 10.2％）。

小贷公司利率走高有四方面原因：一是银行融资成本上升推高了小贷公司贷款利率。2011 年以来，银监部门加强了银行对小额贷款公司融资的风险提示与窗口指导，小贷公司从银行融资的成本快速上升，从原先的基准利率甚至下浮 10％，变为普遍上浮 20％～30％，最高上浮 50％。以注册资金 2 亿元的小额贷款公司为例，如银行融资 1 亿元、利率上浮 20％，需支付银行利息 720 万元，可推动贷款利率上升 2.4 个点；加上存款贡献、搭售理财产品等附加条件，小贷公司银行融资的综合费率达到 9％～10％。二是市场需求抬高利率。2011 年下半年，随着担保链、资金链问题的凸显，银行抽贷、惜贷等行为加剧了实体企业贷款难。加上担保公司等一些从事民间借贷组织因风险过高，经过清理整顿之后业务收缩，部分风险较高的企业转向小贷公司寻求资金支持，引发小贷公司上调利率。三是中国人民银行货币政策调整导致金融业整体利率水平上升。2011 年中国人民银行连续 5 次上调存款准备金率，2 次上调基准利率，银行存款准备金率达到 21％的历史高位，基准利率上升 5 个百分点，金融行业整体利率上升，小贷公司利率也"水涨船高"。四是人才竞争抬高管理成本。近年来，县域金融机构增长很快，金融人才竞争异常激烈，小贷公司为留住人才而支付的人力成本大大高于银行。

不过，近期浙江省小贷公司利率已出现总体下降趋势。据全省小额贷款公司动态系统监测，截至 5 月末，全省小贷公司年化利率为 19.08％，环比下降 0.5 个点，降幅 2.56％。

（三）经营风险有所上升

防范风险是金融的生命线，浙江省一直把小贷公司风险防控放在首位。在制度设计上筑起了四道"防火墙"：一是只贷不存，严禁吸收社会公众资金；二是资本杠杆率低，基本依靠注册资本金开展业务，银行融资按照银监部门的要求最高不超过资本净额 50％，目前全省小额贷款公司银行融资稳定在 150 亿元左右，平均杠杆率不到 25％左右；三是限定业务经营范围，小贷公司不能跨县（市、区）经营；四是明确当地政府为风险处置第一责任人，便于有效监控、及时处置。试点五年来的实践证明，小贷公司不会形成区域性风险，不会引发群体性事件。

目前，小贷公司风险主要是自身经营风险，包括拆分贷款、向关联方贷款、超过资本净额 5％发放贷款、内部风控制度不落实等违规现象，外在表现为不良贷款率的上升。2011 年年底全省小贷不良率仅 0.369％，而截至 2013 年 5 月底，全省小贷不良率达 1.32％（不含宁波），实际不良率可能高于 1.32％。究其原因，一是目前没有小贷公司不良贷款核销办法的具体细则，按照银行的标准走核销过程不现实，也没有相应的人力、财力去走司法裁定等银行核销程序。因此，全省绝大多数小贷公司开业以来还未核销过不良贷款,5 年累积下来,不良贷款必然上升。二是受外部错综复杂的经济金融环境和实体经济下行的影响,小贷公司客户因资金链问题导致贷款逾期的情况也在增加。且在涉及诉讼时,因小贷公司贷款按民间借贷性质来立案,资产保全难,贷款收回难。三是信用环境不佳,很多采取信用、保证方式贷款的客户拖欠本息,回收难度加大,致使贷款逾期大幅增加。

三、加快浙江省小贷公司发展的政策建议和举措

(一)加大监管力度

2012 年 5 月,浙江省政府将小贷公司监管职能统一到金融办系统后,金融办立即行动,不到一年时间,及时制定出台了 10 个小额贷款公司监管试行办法及相关配套政策,组建了省、市、县三级专职监管员队伍,研发了全省小额贷款公司公共信息服务系统并已投入试运行。下一步,省金融办将继续以小贷公司"监管年"、"规范年"为主题,加强监管工作。一是健全监管责任。由省、市下达监管责任书,以市、县金融办为主体,建立和完善省、市、县职责分工明确、任务到位的监管系统;针对县级金融办机构、人员不足的突出问题,督促当地政府尽快落实机构,并加强人员培训,提高业务能力。二是深化完善监管制度规则,加强《现场与非现场监管工作指引》和《风险处置细则》的政策执行力度,确保全省小额贷款公司风险可控。三是提升监管手段,加速推进省小额贷款公共信息服务平台的建设,争取年内小额贷款公司基本接入信息平台,实现实时监管。

(二)引导小贷公司降息、化解风险

目前,浙江省内部分小贷公司已主动降低贷款利率,如诸暨海博已经把平均贷款利率降至月息 1.3‰;阿里巴巴小贷公司计划 7 月上旬将平均贷款年化利率降至 16％～17％,今年年底前降到 15％。金融办也已把小贷公司贷款利率作为日常监管的重要内容,设定监管阶段性目标,按季度对贷款利率过高的小额贷款公司,由市金融办进行约谈,并限期整改。同时,发挥协会行业自律的作用,由省

小贷公司协会牵头,各市协会配合,发出"把利率降下来、把风险降下来"的行业自律倡议,多管齐下,消除小贷公司不良形象,力争全省小额贷款公司整体利率回归到 2010 年水平。

(三)开展风险排查活动

省金融办已经召开监管工作例会,印发了《小贷公司风险防控专项检查实施方案》,从 6 月份开始,开展全省小贷公司风险防控专项检查,重点排查风险状况、违规经营、偏离"支农支小"、追求高利率等问题,对小款公司风险隐患做到早发现、早纠正、早处置。

(四)争取各方支持

主动与浙江省财政厅及地税部门沟通,采取试点新增指标与地方政策扶持力度挂钩,督促地方政府对新设小贷公司"缴纳的所得税和营业税地方留成部分,3 年内可按同级财政给予全额补助",扩大政策覆盖面;鼓励有条件的地方"再顺延 3 年"落实政策。配合税务部门继续争取参照村镇银行、农信社的税收待遇。会同省财政部门研究小贷公司"支农支小"引导扶持机制,引导小额贷款公司、融资银行共同构建小额贷款风险化解机制,多措并举,为降低小贷公司利率腾出更大空间。

(五)开展小额贷款公司定向债试点,增强服务小微企业能力

选择 2 年以上、运行和盈利情况良好、无重大违法违规行为、有较强风险管控能力的小贷公司发行小贷公司定向债。依托浙江股权交易中心平台,面向合格投资者,采取定向募集和发行募集,以非公开方式发行,并选择在温州先行先试后稳步推开,争取在 2013 年完成 10 家左右。募集的资金主要用于发放 100 万元以下支持小微企业和"三农"的贷款。通过扩大小额贷款公司资金来源和贷款规模,促使小额贷款公司的贷款利率明显下降,真正让民间资金转化为小微企业、"三农"便捷、实惠的融资服务。

(本报告由浙江省金融办提供)

第十四章　构建适应浙江发展新形势的战略合作型银企关系[*]

浙江前十几年的发展过程中实现了经济增长和金融发展的双赢,其中最重要的原因是,形成了一种"银企良性互动机制",使得产业和金融业相伴共生,共同成长,在此基础上形成了金融业独树一帜的"浙江现象"。因此,银企关系是否和谐,直接关系到经济持续稳定健康发展。同时,由于我省的融资结构中间接融资占80%以上,尽管近年来我省一直把拓宽直接融资渠道、创新直接融资方式作为扩大社会融资规模、改善社会融资结构的突破方向,努力提高直接融资比例,但间接融资为主的融资结构将在未来相当一段时期仍然存在,因此银企关系仍然是我们处理金融支持实体经济问题上必须予以充分重视的重要关系。在当前宏观经济增长趋缓、出口和消费拉动相对乏力、结构性调整迫在眉睫的新形势下,浙江的银企关系出现了一些新的变化,需要我们引起高度重视并积极应对。

一、当前浙江银企关系变化:现象及原因

浙江的银企关系总的来看还是不错的,随着作为先导的温州金融改革、丽水金融改革等一系列地方金融改革举措向纵深推进,我省金融机构和监管部门紧紧围绕"中小企业金融服务中心"建设目标,在构建小微金融服务体系方面,着力

---

[*] 为了更好地研究我省银企关系的现状和变化,分析现存问题及解决方案,加快构建适应我省经济和金融发展的战略合作型银企关系,2013 年 7 月 10 日,浙江省金融研究院、浙江大学金融研究院(AFR)举办了"新形势下浙江银企关系"政策咨询会。会议金融研究院常务副理事长陈国平召集并主持,谢庆健、傅祖蓓、刘仁伍、蒋志华、郑志耿、钱子辉、廖秉和、王济民等部分 AFR 特聘高级研究员,金融研究院金雪军教授、杨柳勇教授、章华副教授、何嗣江副教授等相关人员参加了会议。本要报是在各位领导、专家发言的基础上整理而成。

创新、积极探索，做了大量的工作，也取得了比较好的成绩。然而，近年来国际国内的宏观经济环境起了深刻的变化，这给正处于转型升级关键期的浙江经济带来一定的挑战。而实体经济的变化也势必引起金融领域的相应变化，也深刻地影响着银行和企业这两个市场经济中最重要的主体行为。近年来银行不良贷款率上升、企业资金链担保链断裂和金融脱媒等因素直接导致了我省银企关系的变化，主要表现在：

1. 贷款不良率和不良贷款余额总体出现"双升"。 截至 2013 年 4 月末，全省的不良贷款率超过 1%；就不良率来看，最近这一年多来不良率总的来说是上升的。银行的关注贷款明显上升，银行风险事件伴随着风险贷款的频现而增加，这又导致商业银行拨备增加较快，利润幅度下降。

2. 民营企业集团资金链断裂和担保链断裂。 产业空心化及资本虚拟化在我省局部地区初显苗头，民营企业集团资金链断裂和担保链断裂的情况不断出现，引发区域性金融风波的持续发酵，这些风险事件在全国影响较大，同时银企债权协调会频繁出现，引起各家银行总行和新闻界关注。

3. 企业集团存在金融脱媒趋势。 随着多层次资本市场的发展和企业融资渠道的拓展，一些规模大、实力强、品牌优的大型企业可以通过资本市场融得资金，从而客观上使得银行业金融机构失去了一些原本稳固的优质客户，迫使银行实现业务转型，从而也带来银企关系的一些变化。

以上状况之所以产生，其背后是有着深刻的时代背景，概括起来主要有以下几方面的原因：

1. 近年来浙江经济转型升级进程有待加速。 近年来我省以"创新驱动"重点的经济转型升级进程有待进一步加速，而国家为应对次贷危机而采取的经济刺激政策也延缓了这一进程，乃至后来在去杠杆、去泡沫、去产能的国际国内形势影响下，不少企业经济增速放缓，经营困难，甚至倒闭。

2. 经济下滑致使银行业风险集聚或扩散，金融风险在一定时期内集中暴露。 2011 年起发生的温州金融风波对浙江银行业造成较大影响，银企互相信任的程度大大下降。2012 年，全省银行业的不良余额的增加幅度和不良率增加幅度均达到历史较高水平。严峻的资产质量变化形势，使得各银行风险把控越趋于严厉。

3. **实体经济与信贷总量之间存在一定程度的"失衡"。** 2012 年年末浙江全省金融机构的信贷总量为 5.96 万亿,已超过当年浙江全省 GDP 3.46 万亿总量,浙江的实体经济已不足以支撑如此庞大的信贷规模,贷款挪用和资金流出浙江的情况明显,导致银行的信贷政策不得不更为谨慎。而银行信贷收紧,个别银行甚至出现"骗收贷"等失信现象,又使得银行在企业家心中的形象大打折扣,甚至将企业困境归咎于银行的收贷行为。

4. **前期较好的经济形势使得银行缺乏进一步创新的动力。** 由于以往浙江经济的先发优势使前几年浙江银行业赚得盆满钵满,导致银行创新意识不够,大部分银行主要围绕存贷利差做文章,没有开发新的业务和品种来适应和促进经济的转型升级。

以上种种现象表明,银企关系的重塑已经迫在眉睫,而在新形势下,构建适应浙江经济和金融发展要求的"战略合作型"银企关系是重中之重。

二、新形势下对银企关系的新认识

银企关系是经济、金融运行状态敏感的直接的反映。随着我省经济社会的发展,经济体制和金融体制改革的不断深化,经济全球化步伐的加快,银企关系的内涵在不断地丰富、调整和完善。因此,必须从动态的角度来审视当前的银企关系,构建与国际国内经济形势变化、经济结构调整、产业转型升级、金融改革深化相适应的新型银企关系。

1. **我省现阶段的银企关系已经由传统的一般借贷关系和熟人借贷关系转变为平等互信、互利共赢的战略合作关系。** "十二五"期间,随着全省"两创"战略的深入实施,舟山、义乌、温州、丽水等地的经济增长和金融改革如火如荼,浙江的许多民营企业集团正处于"扩张规模、增强实力"的关键时期,这些都要求浙江的银行业与企业建立着眼长远的战略合作关系。从银行角度看,应强调市场意识和法制意识,银企关系不能倒退到政府与企业的关系,同时银行应着眼长远,决不能重眼前利益。浙江银行业要勇于创新,要积极主动地从以往资金提供者的角色向资金组织者转变。随着经济的转型升级和利率市场化的到来,银行信贷并不是企业唯一的资金来源,必须要根据企业的需求,为企业提供一揽子解决问题的方案和综合性的金融服务,包括融资、组织资金、结算服务、并购咨询等,在企业渡难关和转型中充当好辅助角色。同时,在经济下行周期和企业发生困难的特殊时期,浙江银行也要有"共苦"意识,在特殊情况下可适当放宽不良贷款容忍度和定价标准,要"舍得"少赚点钱,为今后可持续发展打好基础。

2. 发展实体经济是建立银企战略合作关系的基础和纽带。 改革开放以来,浙江经济的发展得益于实体经济的发展,浙江银行业的繁荣也得益于浙江实体经济的繁荣,今后仍然要依靠实体经济。温州目前的信用状况和一度产生比较紧张的银企关系值得我们反思。前几年,无论从全省各地比较,还是从全国看,温州贷款占 GDP 的比例都是比较高的。而 2012 年以来,温州贷款增量大幅度减少。2013 年 1—5 月,全市新增贷款大幅减少,同时不良贷款率为全省最高,不少银行反映比较难找到贷款对象。这与前些年有些企业不注重实体经济,过度投资是有直接关系的。应该清醒地认识到,服务实体经济是金融的本质要求,这也是建立长期稳定的银企关系的基础。金融改革必须坚持为实体经济服务的方向,信贷规模要和经济发展相匹配,信贷支持要和企业的良性发展相吻合,一定要把钱用在支持经济结构调整和转型升级上。

3. 寻求定位匹配和文化认同是建立银企战略合作关系的有效手段。 建立银企双方的战略合作关系,必须依靠银企双方对对方市场定位和经营理念的匹配和认同。就浙江银行业来说,必须找准市场定位,明确风险偏好,一定要形成自身特色和客户定位;定位明确的前提是根据自己的风险偏好,即银行在行业投向、区域投向、客户群投向等方面要建立清晰目标,只有这样才能做到风险定价,通过收益和风险的关系来确定自己的风险承受能力。而就浙江的企业而言,今后选择银行也是一门学问,要尽量找到符合自己客户定位的银行建立客户关系,要尽量避免说收贷就收贷的银行,企业之间的理念和银行的信贷文化必须互相融合,这非常重要。只有这样,银企双方才能重塑信任,实现共赢。

构建适应浙江发展新形势的战略合作型银企关系,关键是要提高以下四个方面的认知:一是对银企关系要有新认知。银企关系已经由传统的一般借贷关系和关系型融资关系转变为平等互信、互利共赢的战略合作关系。二是对宏观经济形势要有新认知。要在宏观调控政策发生很大变化、货币政策信号已经明确的新情况下重塑银企关系。三是对金融体制改革问题要有新认知。银企关系的变化从根本上是金融体制失衡的反映,是金融体制改革滞后,唯有加快金融体制改革才能解决根本问题。四是对政府为完善银企关系所做工作的新认知。政府要在建立银企合作平台、完善担保体系和构建信用体系等方面做好基础性的工作。在以上四个认知的基础上,构建银企关系要在做到五个方面的良性互动,即:信息对称,诚信互动;全面合作,创新互动;着眼长远,战略互动;文化对接,价值互动;各方支持,政策互动。

三、构建新型银企关系的政策建议

下一步,应在以上认识的基础上,以支持实体经济为核心,以加强风险处置和防范为抓手,以重塑"银企关系"为重点,以强化信用体系建设为基础,构建适应浙江发展新形势的战略合作型银企关系。具体来说,我们提出以下建议:

1. 加强重点区域的金融风险防范和处置。一是着力化解不良贷款存量,包括通过保全、清收、资产抵债、剥离、上划、核销、司法处置等方式,减轻信贷资产质量方面的压力。二是控制不良贷款生成,对于转贷困难企业,要积极申请利用好政府转贷基金、行业转贷基金及其他转贷手段,尽量缩短转贷周期,对于资产重组的借贷企业,要帮助"瘦身",优化资产结构,减轻财务负担,特别要重视担保链的风险传导,银行企业要与司法部门积极配合。三是要完善风险预警和监控机制,进一步完善金融风险报告制度,及时掌握风险事件发展变化情况,准确评估风险事件对区域金融稳定的负面影响,要采取措施防止风险扩散和蔓延。

2. 鼓励银行业着眼长远,大胆创新。一是强化信贷产品和服务的创新。应注重通过信贷产品和金融服务创新,如信贷管理模式、还款方式、抵质押资源、贷款保证方式等的创新,合理配置资金,激活货币信贷存量支持实体经济发展。二是增加中长期贷款。银企双方要坦诚地交流各自的中长期发展目标、发展前景、发展战略,寻找银企战略合作的结合点和共同点,银行业应找准市场定位,明确自身在行业投向、区域投向、客户群投向等方面的目标,这样才能做到风险定价,学会放长期贷款。同时,企业也要学会选择合适的银行,双方之间建立长期互惠互利互信的关系。三是树立"共苦"意识。银行在信贷投放的把握上要立足当前,放眼长远,积极实施逆周期的金融服务和信贷支持措施,对资金困难企业要区别对待，一户一策，不随意抽贷、压贷，防止风险扩散和蔓延；通过调整授信评价标准，适度增加信贷投放，降低信贷资金价格，提高不良贷款容忍度等措施帮助企业渡过难关。

3. 继续大力推进金融改革。 积极鼓励民营资本参股金融机构，加快以民营资本为发起人、自担风险的民营银行发展步伐，努力构建多层次、多元化、多功能的金融体系，为构建新型的银企关系创造条件；对争取各自的总部把浙江作为金融创新基地或试点的银行，省政府要给予表彰和奖励；各级政府要增加信用担保机构的资金投入，着力打通农村资源、资金变为资本和用作贷款质抵押的渠道，加大风险基金的投入力度，进一步优化金融生态环境。

4. 政府近期能做的几件事。 一是银监部门牵头，建立风险管控体系和差异化考核体系。建立银行业对企业贷款的主贷款行制度、贷款银行上限制度，重点控制民营集团大户的风险；研究银行差异化管理模式，根据不同地区的实际情况允许不良率差异的存在，将中长期贷款发放比率纳入考核体系，对不良率有更高的容忍度，扩大对优质企业"年审制"贷款的试点范围。二是对争取各自的总部把浙江作为金融创新基地或试点并给予政策倾斜的银行分支机构，政府要给予表彰和奖励。三是政府部门要增加信用担保机构的资金投入，建立政府风险补偿基金，防治我省前期存在的互保、联保过多的潜在风险。四是加大银行间债券市场、企业债券融资工具宣传、推介、承销力度，推进"区域集优"直接债务融资试点，同时支持和鼓励企业通过浙江省股权交易中心挂牌的方式发行中小企业私募债。五是创新贷款保证方式，推出履约保证保险贷款业务，推广信用贷款，减少企业之间互保关系。

（本报告由浙江大学金融研究院提供

执笔人：章华）

附　　录

中共浙江省委　浙江省人民政府
关于加快金融改革发展的若干意见

浙委〔2012〕83 号

为认真贯彻落实国务院批准的《浙江省温州市金融综合改革试验区总体方案》，加快实施《浙江省"十二五"金融业发展规划》，进一步提升金融服务经济社会能力和金融业自身发展能力，推动建设金融强省，实现金融与经济社会协调发展，特提出如下意见。

一、总体要求

（一）重要意义

金融是现代经济的核心，对推动经济发展、优化经济结构、增强经济活力具有至关重要的作用。大力推进金融改革创新，做强做大地方金融产业，是促进浙江经济转型升级、再创发展新优势、确保实现科学发展的迫切要求，是实施海洋经济发展示范区、舟山群岛新区、义乌市国际贸易综合改革试点和温州市金融综合改革试验区等国家战略的重要保障，也是增强金融服务实体经济能力、促进我省经济社会又好又快发展的战略举措。

（二）总体思路

坚持以科学发展观为统领，紧紧围绕省委"八八战略"和"创业富民、创新强省"总战略，以建设金融强省为目标，以打造"中小企业金融服务中心"和"民间财富管理中心"为重点,以国务院批准实施的温州市金融综合改革试验区为突破口,加快推动地方金融改革创新,着力破解中小企业多、融资难和民间资金多、投资难的"两多两难"问题,着力增强金融支持经济发展的保障服务能力,着力提升金融资源集聚能力和金融产业的贡献率,形成与我省经济社会发展相适应的多元化金融服务体系,为经济转型升级和持续平稳健康发展提供强有力的支撑。

(三)主要原则

(1)把握金融服务实体经济的本质要求。金融必须努力服务于经济转型升级,创新服务方式,提升服务功能,确保资金投向实体经济。突出服务小微企业和"三农",加快解决小微企业融资难、农村金融服务不足等问题。(2)把握政府引导和市场化改革的导向。加强政府引导,为金融改革发展创造良好的环境。深化金融市场化改革,激发各类金融市场主体的活力,优化金融资源配置。(3)把握金融创新与风险监管并举。坚持用改革创新的办法解决金融结构性矛盾,同时把加强风险监管始终贯穿金融改革创新全过程,把防范和化解金融风险作为金融工作的生命线。

(四)发展目标

力争到"十二五"期末,基本形成与我省经济社会发展相适应的金融保障体系、地方总部金融机构体系、地方金融市场体系、地方金融管理体系,金融业增加值、社会融资总量、金融生态环境等主要金融发展指标继续保持全国前列,初步确立我省金融强省的地位。

二、加快做大做强地方金融机构

(五)积极引进各类总部金融机构

鼓励新设和引进银行、证券、保险、期货、信托、金融租赁等各类法人总部机构;鼓励境内外各大金融机构在我省设立全国性的中小企业金融服务、财富管理等总部机构,或设立区域性的业务总部、营运总部、研发中心等专营机构和功能性服务机构。鼓励境内外知名资产管理公司的总部或中国总部入驻我省。鼓励发展各类创新型法人金融机构。对在我省新设立或新引进的全国性总部金融机构、区域性专营金融机构，经认定后，由财政给予一次性开办补助。

（六）发展壮大地方金融机构

支持包括"浙商系列"总部金融机构在内的各类地方总部金融机构做大做强，通过增资扩股，完善公司治理结构，拓展省内外网点布局，提升在全国的影响力和竞争实力。分类推进城市商业银行通过增资扩股、上市融资和引进战略投资者等方式加快发展。深化农村信用社改革，积极推进符合条件的农村信用社进行股份制改造。支持我省证券机构拓展省内外业务，提升业内综合排位。加快期货机构整合重组上市，保持我省期货行业领先地位。积极培育地方保险市场主体，鼓励发展区域性、专业性保险机构。

（七）大力发展新型金融组织和股权投资机构

积极发展小型社区类金融机构，规范发展小额贷款公司、村镇银行、农村资金互助社、农村保险互助社等新型金融组织，鼓励符合条件的小额贷款公司转制为村镇银行，着力解决小微企业融资难问题。积极发展股权投资机构，吸引境内外知名股权投资机构入驻我省，培育一批有影响力的股权投资机构。以杭甬温为重点，构建股权投资基金的集聚高地，打造"中国私募股权产业基地"。

各市、县（市、区）要落实好国务院和我省已出台的支持小额贷款公司及村镇银行、农村资金互助社、贷款公司等扶持政策。制定支持股权投资机构发展的政策意见，鼓励有条件的市、县（市、区）建立股权投资引导资金，重点投入以初创期、种子期为主要投资对象的创投基金和天使基金。

三、加强地方资本市场体系建设

（八）充分发挥证券市场、债权市场、保险市场的服务功能

各市、县（市、区）和省直有关部门要加大对企业上市的政策扶持，对企业改

制上市过程中涉及的项目立项、用地指标、历史遗留问题处理以及环保核查等开辟"绿色通道"。支持上市公司在产业转型中开展并购重组,实施产业链战略性整合。积极利用债权市场,支持企业发行企业债、公司债、短期融资券和中小企业集合票据等各类债权品种,支持小微企业非公开定向发行债务融资,对金融机构承销直接债务融资业务给予一定的财政奖励。充分利用保险市场,鼓励商业保险参与多层次社会保障体系建设。

(九)积极发展各类区域性交易市场

加快组建集产权交易、金融资产交易、场外交易"三位一体"的省级金融市场投资平台,打造"1+X"的地方金融市场体系。整合资源做大做强产权交易市场,发展企业产权、技术产权、文化产权、排放权、林权等各类产权交易市场。积极培育金融资产交易市场,构建金融企业资产交易、债权信托等交易平台。继续深化未上市股份转让平台试点,为非上市公司股权托管、登记、转让、融资等提供综合服务。积极争取开展区域性场外交易市场试点,对接全国多层次资本市场。

四、加快区域金融创新发展

(十)全力推进温州市金融综合改革试验区建设

根据国务院批复的总体方案,加快制定温州市金融综合改革试验区实施方案和年度推进计划,围绕规范发展民间融资、加快发展新型金融组织、发展专业资产管理机构、开展个人境外直接投资试点、深化地方金融机构改革、创新发展面向小微企业和"三农"的金融产品与服务、培育发展地方资本市场、积极发展各类债权产品、拓宽保险服务领域、加强社会信用体系建设、完善地方金融管理体制、建立金融综合改革风险防范机制等12项主要业务,大胆探索、先行先试,通过体制机制创新,努力构建与经济社会发展相匹配的多元化金融体系。

(十一)积极推进丽水市农村金融改革试点

通过中国人民银行和我省"行省共建"模式,在创新农村金融组织、丰富农村金融产品、强化金融惠农政策、健全农村金融市场、完善农村金融信用、搭建金融服务平台、改进农村支付服务、优化农村金融生态等方面的改革创新、先行先试，努力探索出一条城乡金融服务均等化的"普惠型"农村金融发展之路。

(十二) 支持"三大国家战略"金融创新

加快设立海洋产业投资基金，创新发展船舶融资、航运融资、离岸金融等金融服务业态。支持在舟山市设立服务海洋经济发展的专业性银行，鼓励金融机构在舟山市设立金融租赁、航运保险等专业性机构。支持与义乌市国际贸易综合搞个试点相适应的金融创新，推动义乌建设区域性跨境贸易人民币结算中心，探索国际贸易便利化的外汇管理创新。

(十三) 加快金融集聚区和金融创新示范县建设

按照统筹布局、省市联动的原则，加快把杭州打造成为中小金融机构财富管理机构以及金融服务外包的集聚区；把宁波打造成为海洋金融、航运金融、贸易金融、离岸金融机构的集聚区；把温州打造成为小企业金融服务、民间金融创新的集聚区。积极支持嘉兴、湖州、绍兴、台州、金华、舟山、丽水、衢州等区域金融特色城市建设。扩大金融创新示范县试点面，支持示范县在推进金融服务创新、多元化融资渠道创新以及金融公共服务平台建设等方面开展先行先试。为进一步调动各市、县(市、区)发展金融业的积极性，省对市、县(市、区)实行金融业营业税增收奖励政策。对开展金融改革创新突出的示范县，由省财政给予一定的金融创新项目补助。对重点金融创新项目，优先解决部分用地指标。

五、促进民间融资阳光化与规范化

(十四) 鼓励民间资本进入金融领域

鼓励民间资本根据有关规定发起设立或参股小型社区类金融机构、金融租赁、村镇银行，发起设立小额贷款公司和农村资金互助社。支持民间资本参与银行、证券、保险等金融机构的改制与增资扩股。支持民间资本发展股权投资、融资性担保互动融合的民间金融产业链,积极创新民间资本转化为科技资本、产业投资的地方资本市场,吸引更多的民间资本通过股权、债权方式有序投入实体经济。

(十五)探索民间融资阳光化途径

选择民间融资活跃的市、县(市、区)开展规范民间融资试点,以引导规范和创新管理为重点,探索建立民间融资备案管理制度,引导融资主体特别是法人实体进行民间融资备案登记,倡导发展合法融资。鼓励试点市、县(市、区)建立民间融资服务机构,开展民间融资中介服务。完善法制环境,加快制定民间融资管理地方性法规,发挥民间融资的积极作用。

(十六)加强对民间融资的规范管理

按照"疏堵结合、属地管理"和"谁主管、谁负责"的原则,加强对担保公司、典当行、寄售行、调剂行、投资类机构以及网络贷款服务机构的监管,整顿规范民间融资秩序。加强民间融资信息监测体系建设,探索建立民间融资利率指数。依法打击高利贷、非法集资、非法证券、非法保险等非法金融活动,维护金融市场秩序。

六、加快地方金融管理体制改革

(十七)完善地方金融管理体制

创新和完善地方金融国有资产管理方式,进一步理清地方金融国有资产出资人的职责边界,完善公司治理机制。提升"浙商系列"总部金融机构的地位,地方国有资产控股的总部金融机构享受省属国有企业的有关政策。加快省农信联社的改革转型,强化服务职能,建立有利于县级农村信用社搞活做强的体制机制。进一步强化地方金融管理部门对地方金融工作的统筹协调和管理服务,由地方金融管理部门承担小额贷款公司的监督管理职责。

（十八）建立地方金融控股平台

组建省级金融控股公司，通过开展金融股权投资、政府性股权投资基金管理与资产管理等业务，切实增强省级政府投资金融、管理地方金融资源的能力，做大做强地方金融产业。支持区域中心城市在条件成熟时组建金融控股公司。支持有条件的地方金融机构和大企业集团探索金融综合经营试点，逐步发展成为综合性金融控股集团。

七、营造良好的金融发展环境

（十九）加大对地方金融业发展的财政支持

进一步优化省金融业发展专项资金支出结构，并根据需要逐年增加专项资金预算，重点用于推进"中小企业金融服务中心"和"民间财富管理中心"建设有关的重点金融项目扶持。有条件的市、县（市、区）也应加大财政对金融业发展的扶持力度。

（二十）鼓励金融机构服务实体经济

鼓励金融机构创新金融产品和服务方式，完善工作机制，加强对经济发展的重点领域和薄弱环节的支持，提升服务地方经济功能。各级政府要加大考核奖励力度，鼓励银行机构力争总量、力调结构、力促创新，突出金融保障经济转型升级、支持战略性新兴产业和小微企业发展，确保信贷资金投向实体经济。

（二十一）鼓励引进和培育金融人才

鼓励金融机构引进高层次管理人才，积极推荐引进的海外高层次管理人才申报国家或省"千人计划"。对经认定的总部金融机构引进的高管人才，以及经每年评选推荐的高层次金融人才，根据其贡献程度，由财政给以适当的奖励，加快形成金融人才集聚效应。实施金融人才培养工程，依托省内外高校院所，建设一流的金融创新研究基地和金融人才培养基地。建立知名金融专家库，为我省金融业改革发展提供决策咨询服务。

（二十二）营造良好的金融市场秩序

开展整顿规范银行业、证券业、保险业等金融市场专项活动，整治金融机构不正当、不规范竞争行为。切实规范金融机构经营行为，加强服务收费管理，降低企业融资成本，提高金融服务水平。加快社会征信体系建设，整合完善征信平台，健全中小企业和农村信用体系，大力支持会计审计、法律服务、资产评估及保险代理、经纪等中介服务机构发展。加强金融文化建设。

八、加强组织领导和协调服务

（二十三）加强对金融工作的组织领导

各市、县（市、区）要加强对地方金融工作的组织领导，建立健全地方金融工作机构，明确工作职责，统筹协调推进地方金融业发展。

（二十四）健全金融风险防范协调机制

完善地方金融管理部门与中央金融监管部门的沟通协调机制，积极支持和配合中央金融监管部门的工作，处理好地方金融业改革发展与区域金融稳定的关系，健全完善金融监管。建立地方金融机构重大事项报备制度，对新机构的设立、改制过程中的股东变更、主要负责人变动等重要事项，应及时抄告当地金融管理部门。健全金融信息共享机制，加强金融风险的监测、评估和预警，完善地方金融风险应急处置预案，防止出现区域性金融风险。

（二十五）加大金融工作考核力度

建立金融工作目标责任制，制定科学合理的考评办法，对各市、县（市、区）和省有关部门实施"十二五"金融业发展规划的进展情况进行年度考评。完善考评激励机制，对支持地方经济社会发展作出突出贡献的金融机构给予通报表彰。各市、县（市、区）也应将地方金融业改革发展目标纳入政府工作考核体系。

二〇一二年六月二十二日

浙江省人民政府办公厅关于改善金融服务支持实体经济发展的若干意见

浙政办发〔2012〕95号

各市、县（市、区）人民政府,省政府直属各单位:

为引导和鼓励金融机构进一步改善金融服务,加大金融对实体经济的支持力度,稳定经济增长,促进转型升级,特提出如下意见:

一、加强信贷保障,确保重点建设项目资金供应

1.加强对重点领域的信贷资金支持。积极引导各银行业金融机构全力支持我省"四大国家战略举措"、"四大建设"以及产业转型升级、产业集聚等重大建设项目。发改部门要牵头对已批、在建重点建设项目及其资金来源进行梳理,编制清单,并及时与金融管理部门和银行业金融机构衔接;各银行业金融机构应根据清单主动与项目投资主管部门、行业主管部门和项目建设单位沟通协作,保障重点建设项目开工及续建投产的资金需求。

2.鼓励信贷方式创新。支持各银行业金融机构通过银团贷款等方式增加重点建设项目的资金供应,规范贷款管理。鼓励通过发放并购贷款、重组贷款、调整贷款品种和贷款期限等方式,帮助暂时出现困难的项目建设单位化解风险、渡过难关。

3.鼓励各银行业金融机构争取总行支持。各银行业金融机构应积极扩大信贷来源,通过向总行争取信贷规模以及政策倾斜等方式,满足重点建设项目的合理信贷需求。

二、把握政策尺度，支持融资平台合理资金需求

4.支持符合条件的政府融资平台新增贷款需求。新增贷款的具体投向为：符合《公路法》的收费公路项目；国务院审批、核准通过且资本金到位的重大项目；土地储备类和保障性住房建设项目；中国农业发展银行支持且符合中央政策的农田水利类项目；工程进度在60％以上，且现金流测算达到全覆盖的在建项目。各银行业金融机构要积极争取将我省符合条件的融资平台列为支持类，并加大项目融资支持力度。

5.鼓励合理确定政府融资平台贷款期限。各银行业金融机构要根据融资平台贷款的现金流、行业类别、地区和项目规模等因素，合理确定项目贷款的建设期、达产期、还贷期和总贷款期限。对自身现金流100％覆盖贷款本息、贷款到期而项目尚未建成的融资平台，在借款人的抵押担保、还款方式等整改合格的前提下，经各银行总行审批后，可按照工程建设实际周期合理确定贷款期限，一次性修订贷款合同，使贷款期限符合项目建成要求。

6.支持政府融资平台在合理的授信额度内再融资。对自身现金流100％覆盖贷款本息、项目已建成但尚未达产形成经营性现金流的融资平台，在借款人的抵押担保、还款方式等整改合格的前提下，经各银行总行审批，可在原有贷款额度内进行存融资，切实支持项目早达产、早创收，早日增加还款资金来源。政府融资平台要及时足额安排贷款还款资金，防止出现违约；要加强对建设项目管理，确保项目资本金足额按时到位，杜绝出现贷款资金充作资本金等违规情况。

三、创新金融服务，加大"支农支小"力度

7.加大对小微企业和"三农"的信贷倾斜力度。各银行业金融机构要制定小微企业、"三农"信贷计划，确保我省小微企业贷款、"三农"贷款增速不低于贷款平均增速。重点支持符合产业政策、有利于扩大就业、具有偿还能力和发展前景的小微企业融资需求，大力支持科技创新、节能环保及符合产业转型升级方向的小微企业稳健发展。按照"严格准入、分类管理、市场经营、风险可控"的原则，继

续加大对农田水利、农村土地整治、农村基础设施和农业综合开发等领域的信贷支持。各农村中小金融机构要坚持市场定位,扎实开展农村金融服务进村入社区工程、农村阳光信贷工程和富民惠民金融创新工程,进一步加强和改善农村金融服务水平。

8. 支持批量增设小企业信贷专营服务机构。鼓励银行业金融机构进一步向经济发达集镇延伸网店,完善小微企业和"三农"金融服务体系。强化市场准入与小微企业金融服务紧密挂钩的差异化监管导向,稳步推进批量化设置机构激励政策的实施。对小微企业授信客户数和贷款余额占比达到一定比例的银行业金融机构,鼓励在省内批量设立专门从事小微企业贷款的专营机构。

9. 鼓励小微企业信用贷款和还款方式创新。各银行业金融机构要切实转变"抵押为本"的信贷理念,注重第一还款来源,不断拓宽抵质押品范围,积极开展信用贷款试点。要加强贷款精细化管理,在小微企业还款方式创新上实现突破,有效隔离民间高利借贷风险。

10. 增加服务小微企业的信贷容量。支持符合条件的地方法人银行业金融机构通过发行小微企业专项金融债等方式,拓宽稳定资金来源。

四、坚持有保有控,促进房地产市场稳定发展

11. 确保保障性安居工程的信贷需求。各银行业金融机构要根据我省保障性住房新开工目标任务和部分续建项目的融资需求,加大信贷支持力度,有效满足保障性安居工程的信贷需求。

12. 支持房地产开发企业合理的信贷需求。对于承担中小户型、中低价位普通商品住房建设、符合国家房地产调控政策、管理规范、主业突出、信用记录良好,但仅由于市场原因暂时出现资金困难的房地产开发企业,各银行业金融机构应根据信贷原则满足其合理的信贷资金需求。

13. 切实改善首套普通住房信贷需求。各银行业金融机构要认真落实差别化住房信贷政策,切实保障个人居民购买首套自住普通商品住宅贷款需求,合理确定利率水平,加快贷款审批效率,满足首次腾购房家庭的贷款需求。

五、利用多元化融资工具，拓宽直接融资渠道

14.积极推动多渠道上市融资。大力支持行业骨干企业上市，推动中小民营企业和科技型企业在境内外资本市场实现首发融资和再融资。支持上市公司利用资本市场开展并购重组，实施产业链战略性整合。

15.加大债务融资工具发行力度。支持符合条件的省内企业发行企业债券，积极探索依托重大项目发行私募债券的融资途径。落实银行间市场交易商协会与我省签署的《借助银行间市场助推浙江省经济发展合作备忘录》，做好项目对接和落地工作。有条件的市、县（市、区）政府要设立中小企业直接融资发展基金，推动中小企业通过区域集优模式，批量发行中小企业集合票据。积极开展中小企业私募债券试点，支持证券公司、银行等金融机构为中小企业私募债券提供综合服务。

16.推动保险资金运用及信托、融资租赁业务发展。支持省内证券、基金、信托等金融机构加强与保险公司、保险资产管理公司的合作，创新发展投资品种，促进保险资金投向基础设施、战略性新兴产业、海洋经济、医疗及养老等重大建设项目。支持符合条件的机构设立金融租赁公司和融资租赁公司，发展融资租赁业务。鼓励信托、资产管理等机构为实体企业提供多元化的融资服务。

六、加快金融改革步伐，增强县域金融服务功能

17.加快地方法人金融机构改革。以温州市金融综合改革试验区建设为契机，积极支持符合条件的机构发起设立消费金融公司等非银行类机构。支持省内有条件的企业设立财务公司，提高资金运用效率。引导和督促地方法人商业银行完善公司治理，提高内控与风险管理能力。加快农村合作金融机构股份制改革步伐。鼓励中小法人金融机构通过增资扩股、联合重组、引进战略投资者等方式优化股权结构，进一步做精做强。支持优质民营企业通过增资入股、股权受让等方式参股城市商业银行、农村合作金融机构。

18.大力推动农村金融创新。探索发展社区银行，加快发展村镇银行、贷款

公司、农村资金互助社和小额贷款公司,扩大村镇银行等小型金融机构覆盖面,创新信贷供给主体。积极探索农村金融服务的新模式,鼓励涉农金融机构扩大贷款抵质押物范围,积极探索林权、农房、土地承包经营权抵押贷款、涉农保险保单质押贷款等业务,各市、县(市、区)政府要积极探索建立相应的抵质押品交易、流转平台。推广小额贷款保证保险业务,建立小额贷款保证保险风险补偿机制,不断完善政府、银行、保险合作解决中小企业抵押贷款不足的融资模式。

19.鼓励金融机构向县域延伸。推进金融机构改善和加强县域金融服务,稳步向县域延伸服务,增强服务手段和功能。支持金融机构在欠发达地区和金融竞争不充分的区域设立分支机构。

七、整合地方资本市场资源,加快金融市场体系建设

20.规范发展区域性股权交易市场。建立省级金融市场投资主平台,推进设立浙江股权交易市场,为各类企业提供股权托管、股权融资、股权转让、私募债券融资等服务,培育、规范托管和挂牌企业,推动符合条件的企业实现上市。重点引导省内行业龙头企业、高新技术企业、地方金融企业等优质企业进场挂牌。推动组建浙江金融资产交易市场,在政策许可范围内稳妥开展保险、权证等金融产品交易业务,更好地服务实体经济。

21.发展各类产权交易市场。整合资源做强做大各类产权交易市场,为技术产权、文化产权、排污权、林权、碳排放权等各类产权交易提供公共服务平台。积极争取杭州、宁波、绍兴高新技术园区企业纳入国家代办股份转让系统第二批试点范围,推动有潜质的企业到代办股份转让系统挂牌。

22.鼓励发展股权投资基金。引导各类创业(风险)投资基金加大对高新技术企业、初创期中小企业孵化的支持力度。鼓励股权投资基金参与省内企业的股份制改造及大型骨干企业并购重组,支持其加大对暂时困难成长型企业的投资力度。

八、加强风险防控，维护良好金融秩序

23. 深入开展整治金融机构不规范经营专项活动。加大处罚问责力度，充分利用现场访查、群众举报、客户投诉、媒体披露等渠道，提高金融业服务透明度。扎实开展整顿规范银行业市场秩序专项活动，严格执行"七不得"和"四原则"要求，规范存款营销管理、授信业务管理及员工从业行为。

24. 完善金融机构绩效考核体系。各金融机构要调整不合理的考核指标，建立体现风险防控、社会责任等导向的综合考核体系。各市、县（市、区）政府要建立和完善金融机构支持地方经济发展、服务小微企业和"三农"、履行社会责任的激励考核机制，引导金融机构更好地服务实体经济发展。

25. 建立企业资金链风险防控和处置机制。各级政府要牵头负责，有关部门各司其职、密切配合，形成联动机制，加强对企业关联关系的监控，切实防范企业资金链风险传导蔓延；要加大对非法集资、高利贷等行为的打击力度，切实规范民间金融秩序。各银行业金融机构要建立防范资金链风险会商机制，针对出现的风险苗头，及时监测预警，成立债权人委员会，统一行动、化解风险。

26. 切实维护良好的信用环境。各市、县（市、区）政府要加快企业信息平台建设和整合，有效搭建公开透明的企业信息共享系统。加快社会信用体系建设，培育良好的信用环境，严厉打击恶意逃废债行为。加强对企业主诚信教育，规范企业主经营行为，加大对企业不诚信行为的惩戒力度，提高失信成本，推动银企互信共赢、良性互动。

二〇一二年八月六日

浙江省人民政府办公厅关于进一步加强上市公司内幕信息管理切实做好内幕交易综合防控工作的通知

浙政办发〔2012〕117 号

各市、县（市、区）人民政府，省政府直属各单位：

为进一步加强上市公司内幕信息管理，防范和打击内幕交易行为，维护市场秩序，促进我省资本市场稳定健康发展，经省政府同意，现就有关事项通知如下：

一、充分认识打击和防控内幕交易工作的重要性

内幕交易，是指上市公司高管人员、控股股东、实际控制人和行政审批部门等方面的知情人员，利用工作之便，在公司并购、业绩增长等重大信息公布之前，泄露信息或者利用内幕信息买卖证券谋取私利的行为。这种行为严重违反法律法规，扰乱资本市场正常秩序，损害投资者和上市公司的合法权益。依法开展打击和防控内幕交易工作，对于保护投资者合法权益，维护资本市场"公平、公正、公开"原则，促进我省资本市场长期稳定发展具有重要意义。

近年来，我省按照《国务院办公厅转发证监会等部门关于依法打击和防控资本市场内幕交易意见的通知》（国办发〔2010〕55 号）要求，加强市场相关主体的培训教育，严肃查处违法违规行为，保护投资者合法权益，打击和防控内幕交易工作取得了积极成效。但是，我省民间资本丰富，上市公司利用资本市场进行重大资产重组行为活跃，涉嫌内幕交易案件时有发生，内幕交易防控任务依然较重。各地、各有关部门应充分认识资本市场内幕交易的危害性，以及当前打击和防控内幕交易工作的艰巨性和复杂性，进一步统一认识、加强组织、落实责任，建立健全内幕交易防控机制，严厉打击内幕交易行为，促进我省资本市场的稳定健康发展。

二、加强涉及上市公司内幕信息的管理

内幕信息,是指上市公司经营、财务、分配、投融资、并购重组、重要人事变动等对证券价格有重大影响但尚未正式公开的信息。内幕信息知情人,是指在内幕信息公开披露前直接或间接知悉该内幕信息的人员。各地、各有关部门要加强涉及上市公司内幕信息的管理,建立健全相关制度,从源头上遏制内幕交易行为的发生,切实提高防控工作的制度化、规范化水平。

(一)加强内幕信息产生环节的保密管理

各地、各有关部门应加大改革力度,提高上市公司再融资、并购重组、股权激励、利润分配等行为的市场化程度,简化相关审批环节;对涉及上市公司的重大事项,尽可能在上市公司股票停牌后或非证券交易时间进行决策,相关决策信息应及时通报上市公司,支持上市公司及时做好信息披露和停、复牌工作,防止因相关信息泄漏造成上市公司股价异常波动。

(二)加强内幕信息传递环节的保密管理

各地、各有关部门要建立健全涉及上市公司内幕信息的保密制度,明确负责内幕信息管理的机构和人员,对因法定职责接触的涉及上市公司内幕信息,应控制参与人员范围,减少信息传递环节,并明确相关人员的保密责任和义务,共同做好内幕信息保密工作。要建立内幕信息知情人登记管理制度,内幕信息知情人登记应采取一事一记方式,及时记录内幕信息公开前所有知情人名单,及其知悉内幕信息的时间、地点、方式、内容等,并形成专门档案予以保存,保存管理期不得少于 10 年。

(三)做好内幕信息使用环节的保密管理

各地、各有关部门在履行职责时,原则上使用上市公司已公开的信息,在法律、法规和规章没有明确规定的情况下,不得要求上市公司提供内幕信息。内幕信息披露前出现市场传闻或者上市公司证券及其衍生品异常交易等情况,有关

部门应及时督促、配合上市公司披露或澄清相关信息，支持上市公司做好停牌工作。

三、依法打击和防控内幕交易行为

各地、各部门要按照"齐抓共管、打防结合、综合防治"的原则，落实我省打击和防控资本市场内幕交易日常工作，协调解决内幕交易打击和防控工作中遇到的困难，定期交流打击和防控内幕交易工作情况，共同研究提高我省资本市场内幕交易防控水平。证券监督管理部门要切实负起监管责任，对涉嫌内幕交易的行为，要及时立案稽查，依法作出行政处罚；对涉嫌犯罪的，证券监督管理部门要及时移送公安机关立案查处，并做好行为认定、配合调查取证等各项工作。公安部门要加强对内幕交易犯罪活动的打击力度，在接到证券监督管理部门的案件移送后，依法立案侦查，积极追缴涉案资产和违法所得，在法定期限内移送检察机关审查起诉。监察部门要会同国资、证券监督管理部门加强对各地、各有关部门、国有控股上市公司及其控股股东内幕信息管理制度的制定和落实等情况进行监督检查，对泄露内幕信息或从事内幕交易的国家工作人员、国有（控股）企业工作人员进行严肃处理。

四、积极营造防控内幕交易的良好社会氛围

打击和防控资本市场内幕交易工作涉及面广，社会关注度高，需要动员各方面力量，促进全社会参与。各地要充分发挥新闻媒体的宣传作用，积极引导当地主要新闻媒体通过多种形式加大对刑法、证券法等法律法规的宣传和普及力度，提高社会公众对资本市场内幕交易危害性的认识，引导社会公众积极参与监督资本市场内幕交易行为。监察、国资、证券监督管理等相关部门要分别加强对党政领导干部、国有控股企业及上市公司、中介机构相关人员的法制宣讲及教育培训，切实提高相关人员的遵纪守法意识和防范内幕交易的自觉性。

二〇一二年九月十八日

浙江省人民政府办公厅关于印发浙江省小额
贷款公司监督管理暂行办法的通知

浙政办发〔2012〕119号

各市、县（市、区）人民政府，省政府直属各单位：

《浙江省小额贷款公司监督管理暂行办法》已经省政府同意，现印发给你们，请结合实际，认真贯彻执行。

浙江省小额贷款公司监督管理暂行办法

第一章　总　　则

第一条　为加强对我省小额贷款公司的监督管理，促进小额贷款公司健康可持续发展，依据有关法律法规以及《关于小额贷款公司试点的指导意见》（银监发〔2008〕23号）、《浙江省人民政府办公厅关于深入推进小额贷款公司改革发展的若干意见》（浙政办发〔2011〕119号）、《中共浙江省委浙江省人民政府关于加快金融改革发展的若干意见》（浙委〔2012〕83号）等要求，制定本办法。

第二条　本办法适用于省政府批准设立的小额贷款有限责任公司或股份有限公司。

第三条　按照"谁组织试点，谁承担监管责任"的要求和"管法人、管内控、管风险"的监管理念，坚持属地监管和联动监管相结合，构建省、市、县三级监管体系，促进小额贷款公司依法合规经营。

第二章　监管机构及职责

第四条　省金融办为全省小额贷款公司监管部门，承担全省小额贷款公司监督管理职责，负责制定全省小额贷款公司发展规划、审批规则、监管业务指引、年度监管要点;建立和落实现场与非现场监管制度、监管问责和考核制度,指导和督促各地落实监管工作及风险防范处置,根据实际情况开展重点检查。

第五条　各设市金融办(上市办)为本行政区域内小额贷款公司监管部门,负责日常监管工作,制定监管工作实施细则和年度监管工作计划;指导和督促所辖县(市、区)监管部门落实日常监管工作及风险防范处置。

第六条　各县(市、区)政府是小额贷款公司风险防范处置的第一责任人。县(市、区)金融办为本行政区域内小额贷款公司监管部门,具体负责日常监管工作,组织开展现场、非现场监管,及时进行信息收集分析、评估,开展风险排查和预警,切实做好风险防范处置工作;未设金融办的县(市、区)政府明确具体部门并配备专门人员承担监管工作。各县(市、区)政府要协调组织有关职能部门各司其职、形成合力,落实监管措施,防止监管不到位。

第七条　各级财政、工商、人行、银监、审计、公安等部门在各自职权范围内依法履行对小额贷款公司的业务指导和监督管理职责,形成监管合力。财政部门负责督促小额贷款公司执行并健全有关财务管理制度。工商部门负责小额贷款公司的注册、变更登记及年检等,依法查处相关违法违规行为。人行部门负责对小额贷款公司的利率、资金流向跟踪监测,组织小额贷款公司纳入征信系统。银监部门负责督促银行业金融机构及时、准确报送小额贷款公司融资信息。审计部门负责会同监管部门对小额贷款公司进行专项审计或审计调查。公安部门对小额贷款公司非法集资、高利放贷等违法行为进行立案侦查或相应查处。

第八条　小额贷款公司的开户银行和融资银行应积极履行外部监管职责,根据监管部门需要及时反馈小额贷款公司资金流向等经营状况,主动举报违法违规经营行为。

第九条　小额贷款公司行业协会要制定小额贷款公司行业标准和业务规范,开展行业交流,倡导依法合规经营,防止同业恶性竞争,提高行业自律水平。

第三章　监管内容

第十条　对小额贷款公司准入监管的主要内容是:

(一)工商登记情况。是否出具经合格验资机构的验资报告;是否完成工商登记注册手续;分支机构设立是否符合要求。

（二）营业场所。是否满足小额贷款公司正常经营需要；实际营业地址与工商注册登记地址是否一致；是否使用全省统一的小额贷款公司标识和警示公告牌。

（三）经营团队。是否配备符合岗位要求资质的经营管理人员；经营管理人员是否参加省级监管部门组织的业务培训并取得上岗资格；董事、高级管理人员变更是否经批准。

（四）运行制度。是否建立业务规范管理制度、内部控制流程和风险管理预警系统；是否纳入全省小额贷款信息监测与业务服务系统。

第十一条 小额贷款公司日常监管的主要内容是：

（一）贷款投向。单户 100 万元以下的小额贷款及种养殖业等纯农业贷款是否低于限定比例；单户贷款余额、经营性贷款等各类贷款比重是否超过限定比例；是否存在拆分资金向同一客户或关联客户发放贷款以规避比例管理；是否向公司股东及其关联人等发放贷款；是否按要求投向实体经济，是否流向民间借贷市场；是否超比例投向银行转贷贷款。

（二）融资情况。向银行等金融机构融资、经批准向主要法人股东定向借款和设区市所辖小额贷款公司间资金调剂拆借三项融资总额是否超过限定比例；是否未经批准开展资产转让业务；回购式资产转让业务规模是否超过限定比例。

（三）股权结构及注册资金。是否经批准变更股权结构或注册资本金；是否抽逃资本金、虚报注册资本、虚假出资。

（四）经营管理范围。是否经批准开展新业务、扩大业务范围，经批准跨区域经营、设立异地分支机构，经批准修改公司章程中合规经营条款。

（五）财务管理。是否执行金融企业财务规则、金融企业呆账核销管理办法、银行抵债资产管理办法等相关金融财务管理制度，并按照有关规定建立健全企业财务会计制度；是否建立审慎规范的资产分类制度、拨备制度和内控机制，参照《金融企业准备金计提管理办法》（财金〔2012〕20 号）计提风险准备金，资产损失准备率始终保持 100％以上（或年末风险拨备覆盖率达到 150％以上）、逾期贷款率低于 2％。

（六）信息披露。是否及时向省小额信贷信息监测与业务服务系统报送真实、准确、完整的数据、报表和信息；是否建立信息披露制度，按要求向监管机构、公司股东、融资银行及捐赠机构等披露财务报告和年度经营情况、融资情况、重大事项等信息。

第十二条　对小额贷款公司进行重点监管的主要内容是：

（一）非法吸储行为。是否存在内部集资和吸收（或变相吸收）公众存款行为。

（二）账外经营行为。各项经营活动是否按会计制度记账、登记，所有经营收入及支出是否列入会计账册，是否存在账外借款、账外放贷、账外拆借等行为。

（三）高利放贷行为。是否严格执行贷款利率政策，除正常的利息收入外，是否存在向借款客户收取或变相收取手续费、咨询费等情况，其贷款综合利率是否高于司法部门规定的上限。

（四）财务弄虚作假行为。财务会计报告是否如实反映经营情况，会计核算是否根据经营情况填制凭证、根据凭证登记账簿、根据账簿编制财务会计报告。

（五）不法手段收贷行为。是否符合合同约定或相关法律法规规定，是否存在不法手段进行恶意收贷或暴力追偿行为。

第四章　监管措施

第十三条　各级监管部门通过非现场监管和现场检查等方式对小额贷款公司进行监管。

第十四条　非现场监管主要包括以下内容：

（一）监管人员制度。县（市、区）监管部门要结合实际配备监管员，负责收集、审查、分析小额贷款公司各类经营信息，加强日常监管分析，形成季度、半年度和年度监管报告，并出具监管意见书。

（二）统计报告制度。县（市、区）监管部门要督促小额贷款公司及时报送业务状况表、资产负债表、财务损益表等报表，按季向设区市监管部门报送监管报告。小额贷款公司应将大额信贷资产逾期、信贷对象倒闭逃逸等重要事项及时向县（市、区）监管部门报告。

（三）监管举报制度。县（市、区）监管部门要建立渠道畅通、反应迅速的监管举报制度。对举报反映的情况，当地监管部门要在核实情况后及时作出处理。

（四）高管约谈制度。各级监管部门应针对监管中发现的问题及风险隐患，对小额贷款公司高管人员及股东、董事、监事等进行约谈。相关人员应就小额贷款公司业务活动和风险管理等事项作如实说明。

（五）风险预警制度。县（市、区）监管部门发现小额贷款公司存在违规经营、内控管理缺陷或经营异常等现象时，应及时进行风险提示与预警。

第十五条 现场检查的主要内容：

（一）检查方式。现场检查包括常规性检查和临时性检查。根据年度计划，县（市、区）监管部门开展季度现场实地走访，并与审计部门联合开展年度现场审计。针对非现场监管、举报等途径发现的问题，县（市、区）监管部门应实施临时性现场检查，问题严重的可由省、市监管部门组织检查。

（二）检查内容。主要包括管理薄弱、风险较高或风险呈明显上升趋势的领域；非现场监管数据指标出现重大异常变化，可能存在问题或有问题需核实的领域；非现场监管中难以获取充分信息、需要通过现场检查深入了解的领域。

（三）检查措施。主要包括核查业务、财务数据的真实性；询问当事人或相关工作人员，要求对有关事项作出说明或提供资料；查询、复制与检查事项有关的账簿、单据、凭证、文件及其他资料；对可能被转移、隐匿、毁损或者伪造的文件、资料，予以先行登记保存。

（四）检查纪律。现场检查应至少有 2 名检查人员。检查人员不得干预被检查对象正常经营活动，不得利用职务便利牟取不正当利益，不得泄露所知悉的检查对象商业秘密。

第五章　风险处置

第十六条 日常风险处置。各级监管部门要建立风险动态监测机制，制定风险分类评估标准和防范处置预案，加强对风险状况的分析。对小额贷款公司存在的违法违规行为，可通过与高管人员进行诫勉谈话、下发提示单、警告单等方式，责令其限期改正；逾期未改正的，由当地监管部门报省级监管部门核准后，可采取责令暂停相关业务、停止批准开办新业务、取消年度财政返还和风险补偿等优惠政策、建议限制分配红利和其他收入、建议银行等金融机构取消融资及其他合作业务、移送行政执法部门依法查处、提请司法机关冻结账户等监管措施。

第十七条 高风险处置。对因经营管理不善而导致小额贷款公司出现重大风险的,县(市、区)政府可依法组织实力强、经营规范的优秀小额贷款公司进行并购,组织当地优质民营骨干企业进行重组,以及通过司法和解、重整等方式妥善处置风险。对发生重大违法违规行为且限期未整改的小额贷款公司,设区市监管部门应督促各县(市、区)通过股权转让、责令停业整顿、由其他优秀小额贷款公司托管、按市场化原则兼并重组等方式及时处置风险。对发生严重违法违规行为的小额贷款公司,由当地政府报经省级监管部门批准后,可依法依规采取实施破产清算、撤销试点资格、提请吊销营业执照等市场退出措施,有关案件移送司法机关依法查处。

第十八条　经营团队违规行为处置。小额贷款公司工作人员在日常经营管理中有违规行为的,由当地监管部门督促小额贷款公司对其处理。涉及高管人员违规且情节严重的,省级监管部门根据有关规定取消其任职资格并实行行业禁入;构成犯罪的人员移送司法机关依法追究刑事责任。

第六章　监管工作要求

第十九条　监管报告制度。省级监管部门每年向省政府报送年度监管分析报告,重大事项及时专报。各地监管部门定期向同级政府及上一级监管部门报送监管分析报告,重大事项及时专报。

第二十条　监管通报制度。省级监管部门对重大、典型案件实行通报。各地监管部门可根据实际需要将监管情况通报小额贷款公司。

第二十一条　监管培训制度。各级监管部门要充实监管力量,提升监管人员素质。省级监管部门每年组织监管人员培训;各地监管部门可结合实际开展培训。

第二十二条　监管考评制度。各地监管部门要按照监管职责分工要求,细化岗位职责,明确监管纪律。省级监管部门要建立监管考核机制,加强考核评价。各地要定期组织开展监管评价工作,对职责履行不到位的监管人员,特别是失职、渎职行为实行问责。

附　　则

第二十三条　对小额贷款公司的监督管理,法律、行政法规另有规定的,依照规定执行。

  第二十四条 本办法自发布之日起实施。《浙江省人民政府办公厅关于印发浙江省小额贷款公司日常监管暂行办法的通知》(浙政办发〔2009〕100 号）同时废止。

二〇一二年九月十九日

浙江省人民政府办公厅关于推进股权交易市场建设的若干意见

浙政办发〔2012〕129号

各市、县(市、区)人民政府,省政府直属各单位:

为深入实施《浙江省"十二五"金融业发展规划》,加快推进我省金融市场体系建设,进一步发挥地方资本市场重要作用,经省政府同意,现就我省推进股权交易市场建设提出如下意见:

一、重要意义

区域性股权交易市场是多层次资本市场体系的重要组成部分。规范发展股权交易市场,有利于促进企业特别是中小企业股权交易,拓宽直接融资渠道,提升公司治理水平,促进企业做优做强;有利于引导民间资金投向实体经济,为股权投资、风险投资提供有效退出通道,提高民间资金向产业资本转化的能力;有利于拓展地方资本市场功能,培育更多的优质上市公司后备资源,促进多层次资本市场体系建设。各地、各有关部门要充分认识建设股权交易市场对于我省建设金融强省、促进经济转型发展的重要意义;要在国家证券监管部门的统一指导下,利用我省已经开展未上市公司股权转让试点的先发优势,加快推进我省股权交易市场建设。

二、总体要求

股权交易市场建设要坚持与统一监管的全国性证券市场相对接,努力发展成为我国多层次资本市场的重要组成部分;要注重创新发展,把创新作为推动股权交易市场发展的源动力;要加强市场监管,切实防范和化解风险,切实保护投资者合法权益；要以服务实体经济为出发点，重点服务中小企业、科技型企业和战略性新兴产业企业创新发展，促进经济转型升级；要拓展市场功能，着力缓解"两多两难"问题，不断增强服务能力，提升市场影响力。

三、政策措施

（一）积极培育和发展股份制企业

积极培育和发展股份制企业是股权交易市场的发展基础，也是改变低小散产业层次、增强区域经济发展后劲的客观需要。各地、各有关部门要鼓励设立股份有限公司，对申请成立股份有限公司的，要加强业务指导，帮助完善公司治理结构，积极提供准入服务；对具备条件的有限责任公司，要积极引导企业改制为股份有限公司。

（二）积极鼓励企业进场挂牌与托管

1. 上市后备企业。鼓励、支持各地拟上市企业进场挂牌，在浙江股权交易中心先行培育和规范。挂牌企业符合转板条件的，按照中国证监会有关规定申请转板。

2. 行业重点企业。鼓励、支持细分行业龙头企业、战略性新兴产业骨干企业和股权投资基金投资的企业进场挂牌，开展股权、债权的转让和融资。

3. 科技型企业。支持创新型企业、高新技术企业等科技型企业进场挂牌，吸引股权投资、创业投资等私募融资，促进科技成果转化和产业化。

4. 地方金融企业。完成股份制改革的地方金融企业，要按照财政部等5部门《关于规范金融企业内部职工持股的通知》（财金〔2010〕97号）要求，将包括内部职工股在内的全部股份逐步集中托管到浙江股权交易中心。鼓励优质的城商行、农村合作金融机构、村镇银行及证券、保险、期货公司等地方法人金融机构和小额贷款公司等新型金融组织在经有关监管部门批准后进场挂牌，规范开展股权、债权的转让和融资，推动民间资金通过股权交易市场进入金融领域。

5. 历史遗留问题公司。鼓励由于历史原因导致现有股东人数超过200人的股份有限公司进入浙江股权交易中心进行股权托管、挂牌交易,稳妥做好确权、规范工作,切实维护股东和投资者的合法权益。

6. 退市公司。经上海证券交易所、深圳证券交易所同意,退市公司可申请在浙江股权交易中心挂牌交易,且不受权益持有人累计不超过200人限制。

7. 国有企业。国有股权挂牌、转让及国有控股公司增资扩股,按照国家和省有关国有资产管理的法律法规和有关规定办理。

(三)拓宽挂牌企业的融资方式

1. 股权融资。充分发挥浙江股权交易中心作为平台的信息和资源集聚功能,为挂牌企业提供股权转让、定向增资等多种股权融资方式,满足相关资产的流动性需求,有效改善企业资本结构和股权结构。

2. 债权融资。支持符合条件的挂牌企业发行、转让私募债、集合债、集合票据、短期融资券、中期票据等各类融资产品,拓宽融资渠道。

3. 股权质押融资。鼓励金融机构加强与浙江股权交易中心的合作,为挂牌企业股权提供质押融资。

4. 其他融资。鼓励浙江股权交易中心与证券公司、投资管理公司、银行业金融机构及民间借贷登记服务中心等机构加强合作,创新针对挂牌企业的金融产品与服务,引导民间资金有效转化为产业资本。

(四)积极推动合格投资者进场交易

各地、各有关部门要加强宣传和政策引导,提高社会各界对浙江股权交易市场和浙江股权交易中心的认知度,引导各类合格投资者进场交易。同时,做好投资者的培训教育工作,培育一批具备一定风险承受能力的合格投资者。

(五)积极引导中间机构进场服务

证券公司、投资管理公司等推荐机构要按照有关监管规定,为企业提供尽职调查、辅导、信息披露、推荐挂牌、私募债券承销、定向股权融资等服务,促进企业完善公司法人治理、规范运作。会计师事务所、律师事务所、资产评估事务所等专业服务机构按照有关监管规定,为企业提供审计、验资、法律、评估等专业服务。

(六)加大对股权交易市场建设的政策支持

1. 降低企业进场成本。各地应参照支持企业上市和在"新三板"挂牌的相关政策措施,对企业在浙江股权交易中心挂牌前进行股份制改造、合并或分立、股权转让或重组的,给予交易费用减免;对企业因改制评估资产增值补缴相关税收而增加的成本,安排专项资金给予适当补助;对进入浙江股权交易中心挂牌的企业,由当地政府参照企业上市给予奖励。

2. 加大推荐挂牌奖励。对进入浙江股权交易中心挂牌的前200家企业,按每家挂牌企业20万元的奖励标准,由浙江股权交易中心对推荐机构予以奖励。奖励费用由省财政予以专项补助。

3. 优化工商登记服务。工商部门要积极为浙江股权交易中心运行提供便捷服务,浙江股权交易中心要及时向工商部门报送相关信息。凡在浙江股权交易中心托管和挂牌的企业,应当在其注册所在地工商部门备案,并凭浙江股权交易中心出具的有关股权结构证明和其他相关材料,到工商部门办理托管和挂牌企业的股权变更、质押登记等有关手续。挂牌企业因交易而发生的股权变化情况,由浙江股权交易中心信息数据库存档,企业可以及时办理工商备案,也可以按年度办理工商备案。

4. 完善配套政策。各级发展改革、经信、科技等部门要制定和完善支持挂牌企业培育和发展的政策措施,在符合条件的基础上,优先安排挂牌企业技术改造、技术开发与创新等专项资金支持及高新技术企业认定。

四、指导与监管

(一)明确市场职能

浙江股权交易中心是我省股权交易市场建设的重要平台,是经省政府批准设立、在国家证券监管部门指导下为省内企业提供股权、债权和其他权益类产品的转让和融资服务的市场组织。未经省政府批准,任何单位或个人不得在本省设立为企业提供股权挂牌、转让、融资、登记、托管、结算的交易场所。法律、法规另有规定的除外。

(二)加强业务指导

各市、县(市、区)政府要加强对挂牌企业资源的培育,支持符合条件的企业进场。省金融办、浙江证监局等部门要加强对浙江股权交易市场建设的业务指导,引导上市后备企业进场挂牌。省财政厅、省工商局、人行杭州中心支行、浙江银监局等部门要制定和完善促进浙江股权交易中心发展的财政扶持、工商登记、中介机构培育等政策措施,支持浙江股权交易中心加快发展。

(三)加强市场监管

省金融办要根据省政府授权加强监管制度建设,认真履行好对浙江股权交易中心的监管职能。浙江证监局要加强对相关中介服务机构的监管。各市、县(市、区)政府要做好辖区挂牌企业的备案管理和市场风险防范工作。

(四)加强市场服务

浙江股权交易中心要严格遵守国家有关法律、法规和规章制度,在中国证监会等国家有关部委的指导下,坚持公开、公平、公正原则,规范开展业务活动,确保股权交易市场规范、安全、高效运行;要加强投资者合法权益保护和风险管理措施,对投资者信息和账户信息予以保密,切实维护投资者的合法权益。

二〇一二年十月十二日

浙江省人民政府办公厅关于印发浙江省温州市金融综合改革试验区实施方案的通知

浙政办函〔2012〕90 号

温州市人民政府,省级有关单位:

《浙江省温州市金融综合改革试验区实施方案》已经省政府同意,现印发给你们,请认真贯彻执行。

浙江省温州市金融综合改革试验区实施方案

为全面推进温州市金融综合改革试验区建设,积极探索与经济发展相适应的金融体制机制创新,根据国务院批准设立温州市金融综合改革试验区精神和中国人民银行等 9 部委印发的《浙江省温州市金融综合改革试验区总体方案》(银发〔2012〕188 号),制定本实施方案。

一、总体要求

以科学发展观为指导,紧紧围绕建设物质富裕、精神富有的现代化浙江的总目标,以打造"中小企业金融服务中心"和"民间财富管理中心"为重点,通过加强体制机制创新,推进金融综合改革,着力破解温州市经济金融发展中存在的中小企业多但融资难、民间资金多但投资难的"两多两难"问题,健全金融体系、丰富金融产品,促进民间金融健康发展,为实体经济可持续发展提供有力支撑。

经过 5 年左右的努力,构建与温州经济社会发展相匹配的多元化金融体系,基本建成地方金融改革创新试验区、民间金融规范发展先行区、中小企业金融服务示范区,使金融业成为温州市国民经济的重要支柱产业,在促进产业升级、经济转型中发挥重要作用。

二、实施原则

——坚持整体设计、系统推进。高起点谋划温州市金融综合改革试验区,精心设计整体方案和一揽子计划,分阶段分步骤有序推进实施。

——坚持创新为要、监管先行。抓住试验区先行先试的发展契机,切实加快金融改革创新步伐,构建与经济发展相适应的金融服务体系。同时,完善地方金融管理体制,强化金融监管和风险防范,加强金融信息化基础设施建设,维护区域经济金融安全稳定。

——坚持上下联动、项目运作。加强省、市、县(市、区)部门联系对接,积极争取国家政策倾斜和支持。推动重大改革项目实施,对重点改革项目采取实体化运作,确保改革取得实效。

在金融综合改革试验推进过程中,要处理好金融改革试点与风险监管的相互促进关系、金融创新与实体经济共生共荣的关系、政府推动与市场机制有机结合的关系。

三、主要任务

(一)规范发展民间融资

研究起草温州市民间融资管理条例,建立民间融资法律保障。探索建立民间融资备案管理制度,引导融资主体特别是法人实体进行民间融资备案登记。开展民间借贷服务中心试点,引进一批中介机构入驻,提供民间借贷登记、合约公证、资产评估登记等服务,引导民间融资阳光化、规范化。建立健全民间融资监测体系,形成民间融资综合利率指数(也称"温州指数"),做好民间融资动态跟踪和风险预警。在民间金融领域拓展电子商务应用。

(二)加快发展新型金融组织

支持民间资金参与地方金融机构改革,鼓励民间资金根据有关规定发起设立或参股村镇银行、贷款公司、农村资金互助社等新型金融组织。制定村镇银行发展三年行动计划,加快村镇银行及其分支机构设立,引导村镇银行向乡镇延伸网点,覆盖各主要乡镇。在银行业金融机构优先批量主发起设立村镇银行。推进贷款公司和农村资金互助社试点。争取进一步确认小额贷款公司等各类融资性机构的性质。深化小额贷款公司试点,分批公开招投标设立小额贷款公司,实现中心镇和功能区全覆盖。试点部分符合条件的小额贷款公司按规定改制为村镇银行。探索小额贷款公司发行中小企业私募债。积极推动专业合作、供销合作、信用合作"三位一体"的新型农村合作平台建设,积极开展农村资金互助会、农村保险互助社等试点。鼓励发展商业保理机构,稳妥发展民营第三方支付机构。支持民营融资性担保公司发展。建立完善农信担保服务体系,鼓励和支持国有资本、民营资本兴办为"三农"服务的担保机构,实现农信担保服务全覆盖。

(三)大力发展专业资产管理机构

积极鼓励依法合规设立创业投资、股权投资企业,大力培育专业资产管理和投资管理机构;设立创业投资引导基金,组建若干产业投资基金,采取集约化、专业化管理方式,鼓励和引导民间资金通过股权、债权等投资方式有序进入基础产业和基础设施领域、市政公用事业和政策性住房建设领域、社会事业领域等实体经济领域。制定优惠政策,吸引国内外资产管理机构落户温州。推动专业化民间小额资金管理机构发展,积极开展民间资本管理公司试点,2013年年末实现县(市、区)全覆盖。扩大民间资金投资领域,探索通过资产证券化、资产支持票据、定向募集等方式多元化解决重大建设项目的资金需求,形成信托公司、证券公司、投资基金等多元金融机构参与基础建设融资的局面。

(四)开展个人境外直接投资试点

在国务院统一部署领导下,探索以人民币开展个人境外直接投资。建立政府主导、市场运作的个人境外直接投资服务体系和规范便捷、有序可控的个人境外直接投资监管体系,制定温州市个人境外直接投资管理办法及实施细则,健全境外纠纷与突发事件处置应急机制,加强信息与咨询服务,落实各项便利举措,推动个人境外直接投资稳步发展。同时,鼓励对外投资主体多元化,带动民间资本在更广泛领域内参与国际竞争与合作,促进开放型经济转型升级。

(五)深化地方金融机构改革发展

推动设立各类小企业信贷专营机构,鼓励银行业金融机构设立法人小企业信贷专营机构。支持农村合作金融机构设立100万元以下的小额农贷或微贷中心等专营机构。推动温州银行引进战略投资者、增资扩股、上市融资。争取在温州设立财务公司、金融租赁公司、信托公司、消费金融公司等非银行金融机构。争取引进1家以上优质外资银行分支机构。加快农村合作金融机构股份制改革步伐,强化政策扶持,鼓励优质民营企业参与农村合作金融机构的增资扩股,推动农村合作金融机构下沉服务重心,支持符合条件的农村商业银行按规定跨区域设立分支机构,引导和支持农村合作金融机构提升服务的专业化水平。支持民营资本进入证券、投资咨询等领域,争取在温州设立证券公司,支持更多的证券、基金、期货公司到温州设立分支机构。鼓励地方金融机构以控股、参股的方式探索综合经营。

(六)创新发展金融产品与服务

探索建立地方金融组织风险准备金,进一步发挥银行、证券、保险等金融机构在小微企业融资方面的主渠道作用。在风险可控前提下,推动金融产品和服务创新,探索建立适合小微企业和"三农"需求特点的多层次金融服务体系。提高金融机构信贷效率,鼓励和引导银行业金融机构加大对小微企业和"三农"的信贷支持,在授权授信、绩效考核、不良贷款容忍度等方面给予政策倾斜。积极发展科技贷款、小额担保贷款、经营权质押贷款、股权质押贷款、知识产权质押贷款、林权抵押贷款、海域使用权抵押贷款等支农支小信贷业务。积极探索试点排污权抵押贷款、农房抵押贷款、土地承包经营权抵押贷款、农业设施及农业机械抵押贷款。积极争取信贷资产证券化试点。支持银行与保险机构加强合作,开展小额贷款保证保险和信用保险,探索商业保险参与小微企业融资再担保机制。支持银行与融资性担保公司加强合作,创新小微企业金融产品,建立风险分担机制。发展面向小微企业和"三农"的融资租赁业务。鼓励开展金融服务外包等新兴经营业务。组建小微企业融资综合服务中心,集聚银行、担保、会计、法律、评估、咨询、协会等机构，提供信用调查、资产评估、法律咨询等服务。

(七)培育发展地方资本市场

按照《国务院关于清理整顿各类交易所切实防范金融风险的决定》(国发〔2011〕38号)的有关规定，进一步规范产权交易市场。抓住大力推进国家知识产权示范城市、全国知识产权质押融资试点城市、全国科技与金融结合试点地区建设的机遇，积极开展产权交易市场试点，建立知识产权、企业产权、金融资产、排污权、水权、碳排放权、低碳技术、农村土地承包权、林权等产权交易市场，依法合规开展非上市公司股份转让试点，探索开展中小企业私募债转让试点，努力把温州打造成为全国较大的综合性各类产权交易和非上市公司股份转让的平台。积极推动企业多渠道上市，确保2015年年底上市公司总数超过30家，上市后备企业50家以上，逐步形成资本市场的"温州板块"。支持更多的证券期货经营机构到温州设立分公司和营业部。

(八)积极发展各类债券产品

积极发展各种类型和各种信用等级的债券产品。做好企业、政府融资平台和项目筛选以及工作对接，培育多层次发债主体。以"区域集优"等方式推动更多企业尤其是小微企业利用债券市场融资；以地方政府债务率作为控制指标，探索符合条件的地方融资平台发行私募债券；以自身收益覆盖本息一定倍数为条件，鼓励经营新项目发行资产支持票据或直接发行债券融资，提高直接融资比重。积极争取地方政府自行发债试点，扩大企业债、公司债、金融债、短期融资券、中期票据、中小企业集合票据(债券)、资产支持票据等各类债券产品的发行规模，争取年度发债80亿元以上。积极争取高收益票据等创新产品在温州先行先试，建立健全小微企业再担保体系和再担保机构的风险控制机制，提供增信服务。

(九)拓宽保险服务领域

充分发挥保险功能作用，初步建成适合温州经济和试验区要求的特色保险产品和服务体系，促进温州经济转型发展和社会和谐稳定。大力培育保险市场，支持符合条件的民营资本发起设立区域性、专业性保险公司,或参股保险机构,建立健全市场准入退出机制。探索保险资金服务实体经济的新模式、新路径,引导保险资金投资温州基础设施建设项目、参与温州产业投资基金、保障性住房、养老产业、医疗产业等重要领域。创新发展服务于小微企业、专业市场、产业集群和"三农"的保险产品,不断扩大保险覆盖面,探索研究巨灾保险制度,在服务地方实体经济发展方面实现新突破。加快发展涉农保险业务,鼓励农业保险与农村信贷相结合,建立健全政策性农业保险工作长效机制。加快发展与公众利益密切相关的产品质量责任、环境污染责任、公共安全责任、安全生产责任等责任保险。探索发展信用违约保险。鼓励和支持商业保险参与城乡居民大病医疗保险建设,积极发展商业养老健康保险,拓展企业年金,大力开发各种补充医疗、疾病保险和失能收入损失保险等产品。

(十)加强社会信用体系建设

制订加强社会信用体系建设的意见,积极推动金融、行政、社会、市场、会计等领域信用数据的征集、交换和应用。大力推进政务诚信、商务诚信、社会诚信和司法公信建设,建立健全覆盖全社会的征信体系,加大对失信行为的惩戒力度。整合信息资源,推动中小企业和农村信用体系建设。加强信用信息的公开和共享,推动信用服务产品的应用。完善信用服务市场,规范发展信用评级机构。加强信用市场监管,改善地方信用环境,将信用环境纳入地方政府政绩考核范围。

(十一)强化地方金融管理机制

加强金融监管和管理部门的沟通协作,增强监管合力。温州市地方金融管理局要加强对创新类地方金融组织的管理,推进地方金融管理制度创新,明晰管理边界,明确管理责任。制订出台地方金融监管工作实施意见,加强对小额贷款公司、融资性担保公司、典当行、寄售行、调剂行、股权投资公司、民间资本管理公司、民间借贷服务中心、投资类机构以及网络贷款服务机构等市场主体的管理。建立健全金融业综合统计和分析制度,加强非现场监管信息系统建设,逐步将上述市场主体纳入监测范围,强化监测预警,及时提示风险。

(十二)建立金融综合改革风险防范机制

按照"权责对等"的原则,强化和落实地方政府处置地方金融风险和维护地方金融稳定的责任。完善温州市金融突发公共事件应急预案,健全地方金融风险预警体系和处置体系,进一步加强和改进金融犯罪侦查工作,建立民间金融大案要案督办制度,加强民间借贷风险提示,严厉打击金融传销、非法集资、地下钱庄、洗钱等非法金融活动,防止民间借贷转变为高利贷、非法集资等违法行为。充分发挥温州市金融犯罪侦查支队在打击金融领域犯罪和防范金融风险方面的作用,有效发挥金融仲裁院、金融法院的司法保障功能,规范金融行为,化解金融纠纷。

四、组织保障

(一)加强组织领导

浙江省温州市金融综合改革试验区实施领导小组要在浙江省温州市金融综合改革试验区工作领导小组的领导下,切实推进温州金融综合改革试验的实施工作。积极争取国家相关部委支持,实现改革试点工作部、省、市联动,定期会商研究改革过程中出现的新情况和新问题,协调推进相关改革试验工作。设立温州金融改革专家委员会,聘请国内外知名经济金融专家,不定期为试验区改革提供决策咨询。

(二)抓好组织实施

坚持上下联动,对纳入温州市金融综合改革试验区总体方案的各项任务,省级各有关部门要积极争取国家下放相关审批权限,在机构设立审批及项目报批过程中给予支持。温州市各县(市、区)政府、市级相关部门要充分发挥积极性和主动性,要结合金融改革项目,明确分工,分解落实试点任务,将试点工作纳入年度重要工作责任目标,完善相关配套政策,强化协调措施,确保试点工作顺利推进。研究制定宣传工作方案,营造良好的舆论氛围。

(三)强化各项保障

安排省、市财政的专项资金,支持温州市推进金融综合改革试验区建设,落实试点工作经费保障。进一步完善现有金融产业发展激励机制,制订相应的财政、税收等支持政策和配套措施。强化人才支撑,制订人才培养和引进方案,集聚国内外金融人才。研究成立温州金融研究院,加强金融综合改革的理论研究,提升本土金融人才水平。加大硬件设施投入,大力推进金融集聚区总部大楼建设,2015年前初步形成规模,为深入推进温州市金融综合改革打好基础。

二〇一二年十一月十六日

附录二　浙江省主要经济金融指标

表 1　2010—2012 年浙江存贷款情况

	2010 年	2011 年	2012 年
本外币存款余额(亿元)	54478.1	60893.1	66679.08
同比增速(%)	20.8	11.96	9.5
新增本外币存款(亿元)	9369.63	6507.1	5789.55
本外币贷款余额(亿元)	46938.5	53239.3	59509.22
同比增速(%)	19.7	13.84	11.78
新增本外币贷款(亿元)	7714.1	6481.5	6266.72

表 2　浙江省金融运行情况一览表

指　　标			2011 年	2012 年
本外币存款余额(亿元)			60893.1	66679.08
同比增速(%)			11.96	9.5
新增本外币存款(亿元)			6507.1	5789.55
本外币贷款余额(亿元)			53239.3	59509.22
同比增速(%)			13.84	11.78
新增本外币贷款(亿元)			6481.5	6266.72
银行业金融机构净利润(亿元)			1378	1193.08
不良贷款率(%)			0.92	1.6
金融业增加值	总量(亿元)		2678.3	2965.5
	占 GDP 比重(%)		8.4	8.6
	占三产比重(%)		19.1	19
企业上市	境内外上市总数(家)		284	304
	境内上市(家)		226	246
	其中	中小板(家)	113	119
		创业板(家)	26	36
	累计融资额(亿元)		2636	2928.5
证券经营机构代理交易额(亿元)			105000	88700
期货经营机构代理交易额(亿元)			384000	392200
保费收入(亿元)			879.3	984.6
小贷公司当年累计发放贷款(亿元)			1799.9	2557.72
村镇银行贷款余额(亿元)			231.2	294.72

表3　2012年12月底全省11市银行不良贷款情况

	不良贷款余额（亿元）		不良率（%）	
	12月底	比年初增加	12月底	比年初上升
杭州	272.97	136.07	1.50	0.68
宁波	144.65	49.93	1.21	0.32
温州	262.84	175.89	3.75	2.39
嘉兴	46.13	21.14	1.26	0.48
湖州	29.77	18.42	1.56	0.89
绍兴	68.04	30.89	1.33	0.49
金华	33.87	2.48	0.78	−0.07
衢州	17.20	6.10	1.59	0.41
台州	44.63	9.96	1.14	0.14
丽水	16.96	6.96	1.52	0.47
舟山	14.43	2.26	1.11	0.07
全省	951.51	460.11	1.60	0.68

表4　浙江省金融机构数量一览表　　　　　（单位：家）

机构名称		2011年	2012年
一、银行业金融机构			
外资银行机构		11	11
中小法人银行机构		158	166
全国性股份制银行		1	1
城市商业银行		12	13
农村合作金融机构	农村商业银行	3	9
	农村合作银行	40	36
	县级农信联社	38	36
信托公司		4	5
金融租赁		1	1
财务公司		3	5
村镇银行		46	50
农村资金互助社		8	8
贷款公司		1	1
外资法人银行		1	1
二、证券期货机构			
证券公司总部		3	3
证券公司营业部		373	385
期货公司总部		12	11
期货公司营业部		119	131
基金公司总部		1	1

续表

机构名称	2011 年	2012 年
三、保险机构		
保险市场主体	70	74
保险总公司	2	3
各类保险机构	3654	3669
四、其他机构		
小额贷款公司	186	277
融资性担保机构	676	589
典当公司	381	449

注:数据来源于浙江省金融办、浙江统计局、人行杭州中心支行、浙江银监局、浙江证监局、浙江保监局。

图书在版编目(CIP)数据

2013浙江省金融发展报告 / 章华,汪炜主编;浙江省金融研究院,浙江大学金融研究院编. —杭州:浙江大学出版社,2014.1

ISBN 978-7-308-12791-2

Ⅰ.①2… Ⅱ.①章… ②汪… ③浙… ④浙… Ⅲ.①地方金融事业—经济发展—研究报告—浙江省—2013 Ⅳ.①F832.755

中国版本图书馆 CIP 数据核字(2014)第 011357 号

2013 浙江省金融发展报告

浙江省金融研究院　浙江大学金融研究院　编
章　华　汪　炜主编

责任编辑	冯社宁　赵静
封面设计	续设计
出版发行	浙江大学出版社
	(杭州市天目山路148号　邮政编码310007)
	(网址:http://www.zjupress.com)
排　版	浙江时代出版服务有限公司
印　刷	杭州日报报业集团盛元印务有限公司
开　本	787mm×1092mm　1/16
印　张	13
字　数	200 千
版 印 次	2014 年 1 月第 1 版　2014 年 1 月第 1 次印刷
书　号	ISBN 978-7-308-12791-2
定　价	35.00 元
